"茅舍槿篱溪曲"

"门外春波荡绿"

踏上回归精神故里寻古探幽的旅程、

感受乡土的温暖与润泽,

体味精神家园的馨香。

中国历史文化名城·名镇·名村丛书

福建
桂峰

中国历史文化名村

中国民间文艺家协会 / 组织编写
总主编 / 潘鲁生 邱运华
本卷主编 / 曾章团 张文静

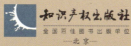

知识产权出版社
全国百佳图书出版单位
——北京——

《中国历史文化名村·福建桂峰》
编委会

本 卷 主 编 ｜ 曾章团　张文静

编　　　委 ｜ 曾章团　张文静　卢为峰　肖荣鉴　林晓雪
　　　　　　　刘小奇　吴晓凤

撰　稿　人 ｜ 陈宗辉　张宗铝　林晓雪　周治彬

资 料 提 供 ｜ 卢为峰

摄　　　影 ｜ 张宗铝　周治彬　陈少华　蔡德镐

英 文 翻 译 ｜ 常玉轩

中国历史文化名城·名镇·名村丛书

积聚海量信息 寻觅科学路径（序一）

邱运华

　　传统村落保护是当下中国文化遗产保护工作中最重要的社会性课题之一。对于一个具有绵延五千年不间断农业文明的民族来说，传统村落能否得到妥善保护更是一个文明能否传承的关键问题。

　　传统村落保护是当代社会发展的普遍问题，不独中国社会存在，西方发达国家存在，东方发达国家也存在。从世界范围看，这是一个国家从欠发达到发达、从农业社会过渡到工业社会、从以农村为主体发展到城镇化生活方式过程中普遍存在的问题。有学者把中国农村经济结构改造、社群建设、新文化建设和整体民生改善工作这一进程，追溯到 20 世纪 50 年代。但我以为，它毕竟不是我们现在所处的整体转向工业化、城市化进程中遇到的课题。中国社会同一性质的乡村保护课题，起源还是世纪之交的 2003 年 2 月 18 日"中国民间文化遗产抢救工程"。2012 年 12 月 12 日，住房和城乡建设部、文化部、财政部联合发布《关于加强传统村落保护发展工作的指导意见》，2014 年 4 月 25 日，除上述三部外又增加了国家文物局，联合发布《关于切实加强中国传统村落保护的指导意见》，两次重申传统村落保护的联合行动。冯骥才先生在 2012 年的一篇文章里把传统村落保护提高到文明传承的高度，我认为非常正确。中国社会各界对传统乡村保护的问题，有着非常积极的呼应。

　　中国是发展中国家，但是从东部、南部和东南部区域看，具有发达国家的基本特征。农村人口从西部向东部、从村落向城镇转移，是1990—2010年之间最重要的社会现象，这一巨大的人口变迁集中表现为城镇人口急速膨胀、传统村落急速空心化，不少历史悠久的自然村落仅仅剩下老人和儿童。因此，传统村落的保护在中国面临的问题，与发达国家相比，具有共同性。例如，从"二战"后恢复到工业化时期，德国和日本先后进行的村落更新或改造项目，具有几个明显特征：一是以激发村落内部活力、发展农村经济作为前提，以改造农村基本生活设施作为基础展开；二是村落更新或再造项目以土地管理法令的再研究作为保障；三是建立了学术界论证、公布更新或再造规划、政府支持的财政额度及投入指向、个性化改造方案与村民意愿表达的有效沟通机制，有效保障村落历史文化、自然风景、公共空间与私人空间等要素。综合来看，先行的国家特别注重传统村落的"民间日常生活"保存问题。

所谓"民间日常生活"的具体含义是什么？乃指传统村落村民群体的方言、交往方式、经济生产活动、衣食住行、生老病死、教育、节日活动、传统风俗、民间信仰活动以及区域性的传统手工艺活动等，以及上述种种的精神性、思想性、文化性、艺术性和物质性表现形态。长期以来，中国传统村落之所以成为民族文化的保留者和传承平台，核心在于保存着这个民间日常生活，它的内容和方式，在民间日常生活的基础上，方可承载不同样式、层次的民族文化。

之所以在这里提出"民间日常生活"作为传统村落的文化基础问题，乃是因为看到目前对待传统村落的两种观点具有一定的欺骗性，并不同程度地主宰和误导了传统村落的基本价值指向。一种是浪漫主义传统村落观，一种是商业主义传统村落观。浪漫主义传统

村落观把传统村落理想化、浪漫化，仿佛传统村落是用来怀旧的，象征着一切美好的自然与人类的和谐，田园风光，日出而作，日落而息，男耕女织，像是《桃花源记》里的武陵源，"不知有汉，无论魏晋"。但是，这不是民间日常生活；民间日常生活还包含在落后生产力条件下的温饱之苦、辛劳之苦，是传统村落里百姓的生活常态；生产关系之阶级阶层压迫、政治强权和无权地位，以及在自然面前束手无策，在兵灾、匪患和种种欺男霸女面前的悲惨状态，甚至中华人民共和国成立以来出现过的政治压迫、思想禁锢和社会运动之灾，是乡村浪漫主义者无法想象的，而这，就是大多数传统村落的民间日常生活。文人雅士，在欣赏田园风光和依依炊烟之时，能否探入茅舍，去看看灶台、铁锅和橱柜，去看看大量农夫、农妇的身子，他们是否仍然饥饿、寒冷？或者他们的孩子是在劳作还是就学？商业主义传统村落观呢，则直接把传统村落改造成伪古典主义的模板，打造成千篇一律的青砖瓦房，虚构出一系列英雄史诗和骑士传奇，或者才子佳人和神异仙境的故事，两者相嫁接，转化为商业价值或者政绩价值，成为行政或市场兜售的噱头，这一行为成为当下传统村落"保护"的常态。这两种传统村落观，一个共同的特点是把村落与民间日常生活相割裂，抹杀了民间日常生活在传统村落里的价值基础，从而，也直接把世世代代生活于这一场景的村民们赶出村落，嫌他们碍事，妨碍了我们的浪漫主义和商业主义梦想；他们不在场，我们可以肆意妄为地文化狂欢。那些在民间日常生活中久存的精神性的、思想性的、文化性的、艺术性的符号，均不在话下。但是，假如村民不在场，社群活力不再，传统村落如何是活态的呢？西方哲学有一个时髦术语，叫作"主体缺失"，因为主体缺失，因而话语狂欢。

关注传统村落的村民，无疑是中国传统村落保护的第一要素。但恰好是人这第一要素构成了传统村落的凋敝和乡愁的产生。

1990 年至 2010 年这二十年，随着一些区域传统村落里村民流动性的增强，特别是青壮年村民向东部、东南部和南部沿海地区季节性的流动，极大地影响了这些区域传统村落民间日常生活的展开，减弱了传统村落的社群活力，也相应削弱了传统文化活动的开展。这样，构成传统村落民间日常生活的内容慢慢演变成淡黄色、苍白色，成为一种模糊记忆，抑或转化为一年一度的春节狂欢，最后，演变定格成为日常性质的乡愁。民间日常生活不再完整地体现在现在乡村生活之中。那个完整的民间日常生活，在我们不得不离开它的土壤之后，便蜕变为乡愁。乡愁这只蝴蝶的卵，就是民间日常生活。而伴随着乡愁这只蝴蝶而出现的，却是一个个村落日常生活不断凋敝、慢慢消失。乡愁成为我们必须抓住的蝴蝶，否则，我们的家乡便消失在块垒和空气之中，我们千百年创造的文化便无所依凭。然而，据统计，在进入 21 世纪（2000 年）时，我国自然村总数为 363 万个，到了 2010 年，仅仅过去十年，总数锐减为 271 万个。十年内减少约 90 万个自然村。若是按照这个速度发展下去，三年、五年之后，我们的传统村落便所剩无几了。也就是说，出生和成长在这些村落而现在散居在世界各地的人们，将无以寄托他们的乡愁。若是其中有的村落有几百年、上千年甚至更久远的历史呢？若是其中有的村落有着华夏一个独特姓氏、家族、信仰和其他各种人文景观等呢？

越来越多的学者开始从事传统乡村保护的研究工作，例如《人

民日报》2016 年 10 月 27 日发表了"老宅、流转、新生"为题的介绍黄山市探索古民居保护新机制的文章，还配发了题为"古民居保护，避免'书生意气'"的评论；《中国文化报》2016 年 10 月 29 日发表了题为"同乡村主人一起读懂文化传承"的文章，提出了"新乡村主义"的概念，在它的题目之下，包含有乡村治理、乡村重建和乡村产业化的多功能孵化等内容。为此，文章提出了"政府在制定政策方面、标准化编列预算、聘请专家团队和 NGO 组织，进行顶层设计、人才培养、产业孵化和公共服务"四项基本措施，还配发了"莫让古民居保护负重前行"的文章。《光明日报》2016 年 11 月 15 日发表了题为"福建土堡：怎样在发展中留住乡愁"的报道，记叙了专家考察朱熹故乡福建三明尤溪土堡的过程；记者报道了残存的土堡现状，记录下专家们的意见：政府与社会资本合作的"PPP 模式"，面对乡村人口日趋减少的不可逆现实，应该吸引城市中的人回到乡村，将土堡打造为"民宿"，在不破坏现有形制的前提下，实现功能更新。也有专家提出，就保护而言，首先应该考虑当地人，人的利益是优先的，只有做到长期发展而不是只顾短期利益，文化遗产保护事业才能够持续发展，等等。

上述建议，已经超越了简单的乡愁情怀，而诉诸国家土地法规、资金筹措模式、专家功能实现等层次。应该说，在越来越深入研究、讨论的基础上，对传统村落保护的思路越来越宽了，为政府制定传统村落保护法提供了良好的基础。在国家立法的基础上，国家、地方政府组织专家开展普查，确认传统村落的级别，分别实施不同层次的激活、保护、开发，才有坚实的基础。

我理解，通过专家学者的普查、认定，得出的结论一定会有利于政府形成健全完备的保护方案和具体操作措施。一方面，对仍然有社群活力的乡村，实施新农村建设规划，改善其经济机制，改建生活设施，改善村民的生活条件，把工作重点聚焦到提高农业产业框架基础、为居民提供更好的生活环境、增强村庄文化意识、保存农村聚落特征上来。另一方面，为有着特殊文化传承却逐渐凋敝，甚至失去社群活力的乡村，探索一套完善保护的工作模式，形成一种工作机制，并得到国家法规政策的支持和保障，包括土地规划、投资体制、严格的环境保护，建立严格的农民参与机制等，为保留故乡记忆、记住我们的乡愁，留下一系列艺术博物馆、乡村技艺宾馆，产生具有独特价值的"乡愁符号"。

作为"中国民间文化遗产抢救工程"的重要项目之一，《中国历史文化名城·名镇·名村丛书》正是通过众多专家学者和民间文艺工作者辛勤的田野调查工作，在中国民协推动的"中国传统村落立档调查工程"所积聚的海量信息基础上，多学科、多视角地反映当下古城古镇和传统村落现状，发掘传统文化的独有魅力，进而为保护和传承优秀传统文化积累鲜活的素材，汇拢丰富的经验并寻觅科学的路径。相信这套丛书的出版将对古城古镇和传统村落的保护发挥积极作用。

2017 年 3 月

（作者系中国民间文艺家协会分党组书记、驻会副主席）

中国历史文化名村·福建桂峰

文化留根　历史留脉　时代留魄（序二）

王来文

　　八闽大地历史悠久、文化灿烂，传统村落资源丰富，形态多样。作为海上丝绸之路核心区的福建，自古以来，就孕育了独具特色的朱子文化、闽南文化、客家文化、红色文化等鲜明的地域特色文化。在福建的青山绿水间，古村落、古民居和古建筑星罗棋布，甚多也甚广，这其中承载着传统建筑规划的经典布局美学，以及众多能工巧匠的精湛建造技艺，生动地展示了当地地域特色风情和古老八闽人民与自然和谐相处的传统生态文化。当然，伴随着历史前进的步伐，许多古村落的原生个性正在逐渐失去；不少传统村落还处于缺规划、缺管理的状况。寻找和保护乡土记忆，抢救和梳理古村落文化的脉络正成为一个迫切的课题，成为党和政府以及专家、学者、有识之士热切关注的话题。

　　党的十八大以来，以习近平同志为核心的党中央高度重视中华优秀传统文化保护，发布了《关于实施中华优秀传统文化传承发展工程的意见》，提出加强历史文化名城名镇名村、历史文化街区、名人故居保护和城市特色风貌管理，实施中国传统村落保护工程，做好传统民居、历史建筑、革命文化纪念地、农业遗产、工业遗产保护工作。

2019年6月8日，《人民日报》重刊了习近平总书记在福建工作期间为《福州古厝》一书作的序，再次在全国产生热烈反响。这篇重要文献详细解释了古建筑的丰富文化内涵，作出了"保护好古建筑，保护好文物就是保存历史、保存城市文脉"的重要论断，强调了保护古建筑、保护好文物与发展维修一样重要。福建古厝有福也有幸，多年来得到了习近平总书记的精心呵护和深切关爱，习近平总书记在福建工作期间，亲自组织和推动保护"三坊七巷"这半部中国近现代史，亲自推动精心保护鼓浪屿这座国家瑰宝，亲自组织抢救万寿岩遗址这个"南方的周口店"，亲自推动建立文化和自然保护体制机制。福建省委书记于伟国对建筑遗产工作提出了高要求：要全面加强保护古镇、古村落，留住历史的"脉"，突出文化的"魂"。新时代赋予了我们名镇名村保护发展的新使命，福建省文联按照省委要求，认真贯彻落实习近平总书记的讲话精神与指示，持续推进历史文化名城名镇名村和传统村落保护工作，努力实现文化留根、历史留脉、时代留魄，认真讲好中国故事、讲好福建故事。

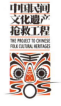

中国历史文化名城·名镇·名村丛书

据统计，福建省拥有国家级历史文化名城4座、历史文化街区4个（数量位居全国第二）、历史文化名镇名村76个（数量位居全国第二）、传统村落492个。古村落的保护与发展是事关中华传统文化传承与弘扬的基础工程，更是一项需要政府、社会、学界和村民共同参与的系统工程，每一座传统村落，都蕴含体现着当地的传统文化，体现了当地建筑艺术和人居空间格局天人合一的审美意象，反映了人与自然和谐共生的人文关系，我们希望越来越多的民间文艺家们参与到传统村落保护的研究和实践中，能够不断地为传统村落的保护作出深刻、长远的发展规划总结。近年来，我们通过邀请专家实地考察调研、举办古村落文化遗产保护论坛、配合中国民协积极做好传统村落立档调查等一系列工作。在中国民协的带领下，福建省民间文艺家协会牵头组织专家，与尤溪县共同编写了"中国历史文化名城·名镇·名村丛书"《中国历史文化名村·福建桂峰》。这里，有栖居于其中的父老乡亲及他们坚守的耕读传家的家族精神、家风祖训、民俗风情，也有对尤溪桂峰村古建筑群、祖庙宗祠的概述以及历史文化调查和史料收集整理等，我们从尤溪县桂峰村的源流衍脉、建筑风貌、理学传承、民俗信仰、风味特产、民间文艺等各个方面，对当地传统村落文脉进行梳理。未来，我们还将继续做好福州、泉州、漳州、长汀等中国历史文化名城、名镇、名村系列丛书的编写工作，持续对古建筑、古村落的现状建立相关的档案，向世人展现福建省深厚的历史文化底蕴、鲜明的地域文化特色以及优美的生态人居环境。我们有使命、有责任、有义务在推进古村落文化保护的道路上，发挥福建省民间文艺工作者的积极作用，贡献福建的力量。

2019 年 12 月 23 日

（作者系福建省文联书记处书记、副主席、

福建省美术家协会主席）

中 国 历 史 文 化
名城·名镇·名村丛书

中 国 历 史 文 化 名 村

福建桂峰 | 目录

Famous Villages, Famous Towns, Famous Cities
of Chinese Historical and Cultural Series

The Chinese Famous Historical and Cultural Village
Guifeng Fujian | Contents

Chapter 6

Folk Literature and Art

The Appendix

引言　漫说桂峰之"路"

　　峰回路转间，在金秋时节的一个傍晚，背着西挂的太阳，望着暮然间由东顺流而西下的淙淙溪水，仿佛进入了一个丹桂飘香的世界。抬头环视层层环抱的山峦，只见错落有致地散落在群峰之间的古民居正被炊烟唤醒，迎着夕阳的游客兴高采烈地谈兴而来，仿佛让自己一下子融入了这座已有八百年历史的古村落、中国历史文化名村——桂峰。趁着余晖，在古村落居民的引领下，游客们完成了一次文化的洗礼，也从中读懂了八百年的桂峰所走过的"路"。所谓"千年双标、枕凤衔桂"，讲的不仅是古村落桂峰的兴盛往事，而且也是桂峰实现"九路"通衢的完好呈现。

↓ 茫茫"祖路"

桂峰是"祖路"通衢的呈现　桂峰历史悠久。这个位于尤溪县洋中镇之东北向、半高山的谷地，海拔550米，四周群山环抱，云雾萦绕，山水清嘉，气候宜人，历史上被誉为"山中理窟""云霞仙境"。自北宋名臣蔡襄之九世孙蔡长于宋淳祐七年（1247）肇基以来，迄今已有八百年历史。自作为名门之后的蔡长承祖训避世筑居，耕读传家，桂峰便成了蔡氏实现理想与承继"祖训"的首选之地。经过蔡氏子孙几个世纪的辛勤耕耘、文明培育，桂峰成为方圆几百里的名乡望村，实现了蔡氏祖训所要求的"祖路"通衢。

　　桂峰是"脉路"通衢的呈现　桂峰地形犹如鼎窟，更像是挂在壁上的一盏"学灯"。桂峰所处山坳约二里见方，北、东、南三面环山，三面大山宛如一道天然屏障挡住了北面的寒风；水尾溪出潆

口，几株参天大树锁住坑尾；后山龙脉逶迤千里，如凤飞至，凤首一片竹子如冠似盖。面前数十丈外一坡平展，如案横陈。住房建在鼎窟中，春季东风和煦，炎夏南风送凉，寒冬北风山头过，使这里四季如春。有诗形容桂峰的山水形胜：一龙飞来衔书凤，双凤朝阳舞在东；二水三分八卦地，四峡护村如屏风；五峰六脉村央戏，七池棋布水尾收；八桥飞架通南北，九潭连珠聚财丰。桂峰的山水，不仅使居住在此八百年的蔡氏子孙枝繁叶茂，而且祖先开示的"脉路"始终造福于后代子孙。

桂峰是"水路"通衢的呈现　在中国文化概念中，由于中国大部分地区山脉走向的格局都属于南北走向，为此"一江西水向东流至大海"乃是全国大部分地区常态性的地理呈现。而在屈指可数的

↓ 桂峰小溪

几个"东水西流"呈现的地区中，有众所周知的孔子出生地曲阜，有同在福建三明地区的泰宁古城。非常有趣的是，桂峰由于其特殊的地理呈现形态，也成为一处"东水西流"所在地。当我们一踏进桂峰，首先映入眼帘的便是这泓由东而西的淙淙溪水。桂峰"水路"的由东而西，得益于其地形面貌的千差万别：既有高耸的山峰，又有奇秀的山谷；既有飞流直下的瀑布，又有碧水环绕的山涧；既有苍翠欲滴的竹林，又有阡陌纵横的田野。正是大自然的鬼斧神工，不仅使桂峰成为适于人居躬耕的优选地，而且使蔡氏祖先的"水路"文化发挥得淋漓尽致。

桂峰是"驿路"通衢的呈现　明代后期，尤溪县城至省城福州的官道经过桂峰，一条蜿蜒在山岭间的卵石长道"驿路"，东至省

↓ 桂峰古隘口

城福州，西接县城尤溪。官家、商人和艄排工人从福州返回尤溪途经此地歇脚、住宿，大量人流往来、物资流通、文化交流等使桂峰快速发展。至清乾隆年间，桂峰功成名就者比比皆是，经商发财者不乏其人，有钱人置办田产、营造华屋，拥有的田产远至本省的建阳、邵武、古田、闽清等地，这样的繁荣一直延续至清代中晚期，桂峰成为名副其实的望族名村。与此同时，随着通往桂峰的"驿路"不断通达，许多文人墨客慕名而来，尤其是众多近在尤溪、建阳等地的理学名家及其后裔在往返省城期间也多选择在桂峰下榻，有讲学传道的，有办私塾育人的，这不仅让理学思想在桂峰生根发芽，使桂峰文化盛享"九峰世泽长"之誉，而且使这一"驿路"进一步造福于桂峰百姓。

桂峰是"厝路"通衢的呈现 建屋筑厝历来是人类生存的基本需求。为此，建筑自然而然就成为历史的一面镜子，而一方"厝路"格局和风格的形成又是一方百姓文化选择的综合呈现。桂峰层层叠叠的古建筑，不仅是桂峰人才辈出、底蕴深厚的最佳实证，而且是桂峰八百年来在实现自身发展过程中"厝路"话语的独特呈现。众所周知，蔡氏自蔡长始，至今已在桂峰繁衍34代，裔孙开基发展遍及各地乃至海外，承祖训以来，耕读传家，尤其崇文尚学，历代儒风不断，保存至今的39座古建筑风格不同、变化各异，但都十分突出了屋主亦儒亦官的文化品位，文化之地的风气蔚然。因桂峰受地形限制，即使村中局部建筑遭火灾之劫，大多也是在原址上复建，故能保留较为完整的传统村落面貌。现今经过时光之历练的桂峰，不仅长久以来形成的富有自身特色的"厝路"的呈现方式未改"初衷"，而且因自身独特的积淀，正重新成为闽西北一颗闪耀的"新星"，成为游客络绎不绝前往的国家4A级旅游景区，也是现代人梦寐以求的"世外桃源"。

桂峰是"学路"通衢的呈现 众所周知，桂峰古来地灵人杰，闻名闽中。蔡氏自蔡长以来大力推行"耕读传承，经史名世"的祖训，使桂峰历代儒风不衰。在桂峰现存的39幢古建筑中，最让人啧啧称奇的，是这里几乎家家户户都建有专门的书斋，由此彰显桂峰蔡氏独特的文化品位与对儿女教育的重视。据考证，桂峰从南宋开基至明清两代进入鼎盛，是时桂峰已有祠堂管理的供全村子弟读书的"玉泉书斋"和"泮月池书斋"，家庭书斋二三十处，营造了一个处处有琅琅读书声的氛围，族人中进士3名、举人12名、秀才412名。诚如桂峰族谱自叙："闽中之蔡，大抵肇于莆阳，则吾与君皆族人也"，"然桂岭山川之幽奇，风俗之素朴，人情之笃厚，非诸处所及……故已神往，而眷念于心目之间。"有学人赞叹桂峰的"学路"盛景乃是"龙脉所系，文脉相传"，进而盛

↑ 曲径通幽

↑ 泮月池书斋

赞道："桂峰无今古，学海有先人！"

桂峰是"鳌路"通衢的呈现 宋宣和七年（1125），宋徽宗驾崩，钦宗赵桓即位，蔡京被贬到岭南，途中死于潭州。莆阳蔡氏也受到牵连。据《桂峰蔡氏家谱》载："长公，行三十，宋理宗淳祐七年丁未（1247）由三石井湾肇基桂岭（今桂峰），为桂岭之始祖。"由此可见，蔡氏在桂峰的衍发也不是一下就兴旺腾达的，而是经过了长达数百年的"蛰伏"期。在古村落中可看到"蛰伏"于流淌在由东向西的溪水中的一尊大型"鳌石"，已静静地在那守候了几百年，仿佛在默默地告诫后人，应谨记这一"鳌石"存在的文化意义，善于学习与借鉴"鳌"之动时能兼济天下、静时也能独善其身的深刻道理。从某种意义上讲，这一"鳌石"的存在乃至这一

↓ 桂峰"鳌石"

"鳌路"理念的形成，不仅让人们感受到桂峰蔡氏后裔的通达自信，而且使人们看到这八百年来桂峰的后人真正做到了秉承祖先的处世之道，并将这种"鳌路"理念深深地植入了他们的血脉之中。

桂峰是"仕路"通衢的呈现 众所周知，八百年来桂峰承继了中华蔡氏文化的精华，其中一个可圈可点的文化理念乃表现为他们对"仕路"文化的独到把握与深邃理解。著名的石狮厝门楼的一副青石雕楹联"三谏风高，勋业在苏黄以上；九峰衍派，渊源从朱李而来"，横批"紫气东来"，最具代表性，也最能表达桂峰人对"仕路"文化的把握与理解（楹联的大意是：蔡襄敢于进谏，

↑ 石狮厝门楼的青石雕楹联

他的功勋伟业在苏东坡和黄庭坚之上；蔡沈是朱熹晚年最有成就的弟子，他的学问源自朱熹和李侗）。在石狮厝中堂正门额上方还有精美的卷书石刻，中为"复吾庐"，左为"居仁"，右为"由义"，与《论语》中"君子喻于义，小人喻于利，不义而富且贵，于我如浮云"是一致的，体现了石狮厝的主人乃至桂峰文化中对持家、为人、致仕等基本准则的理解。因此，从某种意义上讲，桂峰石狮厝的这一副楹联与石刻，不仅彰显了蔡氏文化中崇文尚学的家族史，而且充分阐明了蔡氏家族传承理学、诚正为官的"仕路"精神与理念。

桂峰是"文路"通衢的呈现　桂峰近八百年的文明史给人们留下了瑰丽璀璨的文化遗产，保存完好的古厝、古街、古庙、古树、古书斋、古书画、古诗文、古族谱等，使桂峰能以古朴的"文路"形态展现于世人面前，而且现今桂峰在获评国家4A级旅游景区、中国历史文化名村之后，更使这一传统的"文路"理念与精神能在创新的"文路"上越走越好。《尤溪县志·古迹》记载的桂峰八景"金鸡曜日""石笋擎天""三峡虎啸""双潆龙吟""印桥皓月""酒座清风""玉泉涌蜜""丹桂飘香"，已在传统"文路"再造的基础上应时代要求不断发展，让来往于古村落的人们能尽情地怀古探幽，为隽永的桂峰"文路"拓展增添更多原生态的文化内涵。

↓ 桂峰"中国历史文化名村"牌匾

↑ 桂峰全景

↓ 桂峰雪景

中国民间
文化遗产
抢救工程
THE PROJECT TO CHINESE
FOLK CULTURAL HERITAGES

SOS

　　桂峰，三面拥翠的半高山古村落，云缠桂影，燕剪山花。岭头溪水声潺潺，石板路曲径通幽，三十九座明清古民居依山而筑，飞檐翘角；桥架清塘，印石隐隐；雁过云空，巨书赫然。桂峰，更有它的悠久历史文化，村中还完整保留的书斋学堂、茶楼戏苑，以及随处可见的诗词楹联，无不向我们诉说着桂峰昔日的荣耀和厚重。

↓ 桂峰古村落

中国历史文化名村
福建桂峰

第一章
源流衍脉

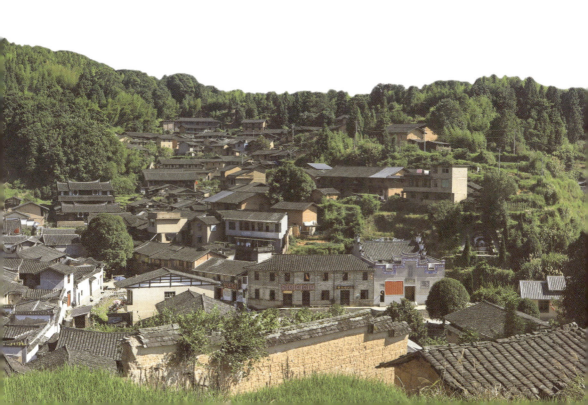

走进桂峰古村

福地山中桂，摩天云外峰。

桂峰村，距福建省省会福州108公里，距尤溪县城57公里，距洋中镇仅12公里。车子驰过洋中集镇大街，从梅峰村部右转，很快就上了盘山公路。车窗外，沿路是各种桂树，春桂、秋桂、四季桂，山风呼呼，桂香扑鼻而来；各色小鸟在枝头跳跃，叽叽喳喳；桂树间的红花檵木、红叶石楠也摇曳着嫩嫩的小花红叶；远处，山头的青雾轻轻浮起，天边白云自由舒卷，仿佛置身在自然的无边画幅中。正如清代尤溪知县李埙所作的《桂峰道中》言道：

停舟登岸雨蒙蒙，夹石云迷一路通。

乘兴难攀恨者岭，凭高却遇快哉风。

↓ 引凤亭

　　到了半山腰，转过一个山脊就到了村口，弧形的引凤亭矗立在眼前。从亭子右侧向前走，就是桂峰古村落。在石印桥的两端，各立一块石碑，右岸的石碑上贴着用红纸写的蔡氏新添儿女或新娶媳妇的名字和时间；左岸的石碑上贴着蔡氏刚去世的老人名讳和时间。据村中老人说，石印桥周围是从前最繁华的区域，在此把村中红白大事告知全村，让族人分享喜庆或致哀。这是族权所为，可使本族宗脉纯洁，也通告全村族众，世世代代沿用族中统一的名行字派且确保同辈不重名，因此，这两块石碑就相当于村中的"华表"了。

　　从石印桥右边向前走，绕过三十多米长的石板路就到了蔡氏宗祠，大门上有一副嵌刻了几百年的楹联："绳其祖武唯耕读；贻厥孙谋在俭勤。"蔡氏宗祠建于清康熙九年（1670），主建筑为二进制单檐歇山顶抬梁式木结构，占地面积948平方米，建筑面积

↓ 蔡氏宗祠

616平方米。蔡氏宗祠正堂为祀典活动的主要场所，正楣中置有神龛，龛中立有"呈清敕授儒林郎翰林院庶吉士六世祖登瀛蔡公妣徐安人神位"灵牌。正堂柱子上悬挂清乾隆内阁大学士蔡新手书楹联："人心知水源木本；庙貌报祖德宗功。"正堂下的天井全用花岗岩石板条铺成，正堂前的庭院，右立七米多高的围斗石旗杆，左右竖立九对旗杆硖。

　　大约一米宽的石板路，一边紧邻着坑头溪，一边从民居的门前通过。从石板路走过的人，可以看清溪流中的小鱼虾和岸边石缝间的小花幽草，更可以看清沿路人家门内厅堂的摆设，闻到厨房里菜肴的香辣气味。听村里长辈人说，谁家里温了米酒，煮了鲜笋蔬菜，蒸了番薯芋子，做了糕点草冻，都会亲切地喊门外路过的族亲进门尝一尝，门外的路人也完全不用客气推让，甚至可以不请自到地尝鲜；要是哪家修房嫁娶，族亲会主动走到一起，不用指定分派任务，就能各就其位，各司其职。

　　从七家楼面前走过，登上一架梯子，便是宽阔的观景台。在这里，桂峰村貌尽收眼底，房舍古木一览无余。村庄三面环山，层层叠叠的木瓦房倚山而建，现在基本完整保存的明清时期的古民居尚有39座，加上后续建的共有百余座。这些民居在一个半高山的谷地往三个方向铺开，村口的商铺朝前延伸，犹如一只衔书俯冲的巨凤；对峙两个谷地的房

↑ 明代古民居——七家楼

屋就像巨凤展开的双翅；村口弧形的引凤亭宛如精巧的凤冠，这就是桂峰"丹凤衔书"美誉的由来，并一直流传至今。

　　从石印桥左边的石板路往前走，转过泮月池书斋，远远就看到庄严肃穆的蔡氏祖庙。蔡氏祖庙也称蔡氏祖厝，位于桂峰村的中心地带，这是蔡氏最早肇基桂峰之地。祖庙门外的场院竖着一排石碑，这些石碑原是旗杆石硖，历经几个朝代的风雨沧桑，那些代表功名的围斗石旗杆不知流落何处，旗杆硖石也有些歪斜。蔡氏祖庙始建于宋末，现存祖庙系清代乾隆五十六年（1791）在原址上重建的，坐南朝北，占地面积1390平方米，建筑面积730平方米，为二进单檐歇山顶木构瓦房。中轴线上依次为正堂、天井和下堂。正堂主楼为叠梁式和穿斗式混合结构的三层建筑，壮硕的柱础、高大

↓ 桂峰观景台远景

的梁柱、精致的窗雕，以及厅堂上悬挂的"父子翰林""九峰毓秀""文魁""武魁"等牌匾一起无声地讲述着蔡氏荣耀的历史。

蔡氏的宗功祖德以及荣耀的家族史，得益于蔡氏先人的辛勤创业，更得益于书斋文化的长期培育。旧时桂峰几乎每一座大厝都有一个书斋。后门山大厝的书斋尤其豪华，楼上藏书丰富多样，子弟求学黾勉有恒，可谓"理学传程朱之脉；著述授谷梁之书"。书斋外还有洗砚池、小花园等配套设施，后山石壁有"活源""蒸云"等摩崖石刻。"活源"隐喻活水源头大概不虚，朱熹《观书有感》有"问渠哪得清如许？为有源头活水来"之句。那么何谓"蒸云"？是腾云驾雾，还是云蒸雾集？《史记》有"摄尺寸之柄，其云蒸龙变"之说，宋儒有"天下之士，云蒸雾集"之喻，清人更有"豪杰之文章，云蒸龙变之气"之感，"蒸云"也应该有此寓意吧。同后门山大厝相仿，石狮厝、楼坪厅大厝、后门岭大厝、后门

↓ 后门山"活源"崖刻

田大厝、桂花堆万福厝、上房厝、长房厝、大埕厝等，都有比较宽敞的书斋。虽然大部分书斋已经坍塌，但昔日的重教风气仍从旧址地基的石板和柱础可见一斑。至今保留完整的有玉泉书斋、泮月池书斋、三益堂书斋等，玉泉书斋的墙上还留有不完整的登科捷报。

桂峰虽为一个半高山村落，交通不便，但是村中的私塾和公学并存。

私塾，主要有后门山书斋、三益堂书斋、石狮厝书斋等。后门山书斋，楼上楼下有书房多间，门外有花圃、洗砚池，后山建有藏书楼和休闲小亭，在书斋楼上，四季乐赏不谢之花，八方环顾蓁蓁草木。从后门山书斋正厅堂上的残留捷报可知，此处曾培育举人一名、贡生两名、秀才六名。三益堂书斋，其取名源于《论语·季氏篇》的"益者三友，友直、友谅、友多闻"，也是一座两层的书楼。楼下厅堂即学馆，厅前吊脚走廊，廊沿有长条倚屏（今俗称美

↓ 三十两书斋

人靠），楼上设置书房，笔墨纸砚俱全，也可住宿。三益堂书斋面前开阔，有农田菜地，瓜果与野花相映，稻香与书香相融。据说，三益堂书斋造就了多位贡生和秀才，有的出仕为官，有的经商致富。石狮厝书斋，也是一座专用的两层小楼，楼上楼下共有十间书房，塾师传道授业，学子弦诵习书。楼前有场院花圃，环境清幽。据族谱记载，石狮厝书斋培育有举人三名，其中武举人一名，秀才十余人，石狮厝成为村中"书香门第"的典范，在村里有"九代不扶犁，十三代免脱鞋"之誉。

桂峰蔡氏极为重视教育，富裕家庭自办私塾，村里也为不具备独家独院办私塾的族亲办公学。这种公学，有的全村共有，有的一房或几房共有，族人子弟均可入学；有的需要承担学费，有的由祠堂田租开支，让比较困难的族亲子弟也能上学。村中最主要的公学是位于坑头溪上游的玉泉书斋。玉泉书斋占地五百多平方米，书斋的主体建筑至今保存完整，大门朝西南，背对坑头溪，书斋上下都有石板桥通往各房大厝，书斋堂内有楹联："鸢飞月窟地；鱼跃水中天。"堂前有清泉，泉涌汩汩，水清如玉，临泉置倚屏，可容十多人同坐赏玉泉。玉泉书斋学子登科的很多，墙上至今还有残破的学子登科捷报。

泮月池书斋，也是村中的公学，位于石印桥左端东南侧60米处，是一座坐南朝北的小四合院，露天场院用三合土覆面，院前有一泓半月形的池塘，塘上红白荷花相伴，迎风摇曳；水里鲤鱼自在悠游。泮月池书斋有书房三间，整个书斋集统一授课、分组训练、室外活动于一体，明清时期，泮月池书斋也培养了许多人才。

桂峰大门

桂峰古道

炊烟袅袅

桂峰村民

蔡氏望族的源流与播迁

桂峰蔡氏的起源

蔡氏之源可以一直追溯到河南蔡县的古蔡国。据传，黄帝第二十八代孙叔度（武王之弟，成王之叔）受封于蔡国。公元前531年，楚灵王诱杀蔡国第十七世灵侯，并以蔡世子祭山，蔡国被其所灭。两年后，蔡平侯复国，迁国于新蔡县。三十五年后的公元前494年，楚国派兵围攻蔡国，蔡降。楚命蔡迁徙于江淮之间。两年后，吴国助蔡迁徙居州，史称"下蔡县"（今河南固始县）。公元前446年，蔡国最后一位齐侯在位仅四年，蔡国被楚惠王所灭。后来，秦相蔡泽卒并葬于陈留，他的子孙就在陈留居住，并在陈留分置之都济阳繁衍发展起来。

东晋以后，司马集团在建邺（今南京）建都。叔度第四十六世孙蔡克、蔡豹和子侄蔡谟、蔡裔等，都纷纷向司马集团的东晋政权靠拢。南北宋交接之际，"蔡氏由司徒迁丹阳，遂为丹阳人"（《蔡氏族谱》），这里所说的司徒就是蔡克之子、东晋司徒蔡谟，他在西晋末年避乱渡江，卒葬丹阳。当蔡氏族人在江东一带所获取的土地不足时，其就转向东南方的闽浙一带，几经迁

↑ 北宋名臣蔡襄画像

徙，到了福建泉州、莆田。简单地说，莆田蔡氏远祖就是从河南上蔡，到陈留考城、江苏镇江、浙江钱塘，最后到福建泉州、莆田。宋代以降，原来南迁的各支蔡氏又逐渐扩散到福建沿海、广东、海南、台湾各地，其中不乏仕途贤宦、社会各界名流。

桂峰蔡氏源流变迁

据《桂峰蔡氏族谱》记载，周文王姬昌五子叔度被周武王封于蔡，建蔡国于河南上蔡县，为蔡氏一世祖，叔度子孙蔡仲侯、蔡伯荒分别为蔡氏二世祖、三世祖，直至二十三世蔡侯齐被楚所灭，蔡氏分散各地繁衍。历经六百多年后，六十一世蔡用元任南唐司空。在王审知率众从光州入闽时，浙江钱塘蔡氏远徙福建泉州，随后卜居仙游蕉溪，这便是莆阳一世祖。北宋名臣、书法家蔡襄（字君谟）是蔡用元的六世孙，桂峰的开基始祖蔡长是蔡襄的九世孙。

桂峰有文字记载的历史可以追溯到唐代。《尤溪县志》载：“资寿寺，在十六都，唐乾宁四年（897）建。”据传，在蔡氏之前，桂峰就有零散村民居住。南宋国势衰微，迁都于浙江临安，世家子弟大多避乱于深山边村。宋淳祐七年（1247），莆阳仙游蔡氏后代发现桂峰，便带领儿孙在今祖庙处结庐定居，从此开始了桂峰蔡氏的繁衍及发展。

1279年，厓山海战爆发，南宋被忽必烈所

↑ 蔡长公像

灭。改朝换代之后，作为高臣名宦后裔的桂峰蔡氏，不再苟安于偏村避乱，心中治国平天下的大丈夫气概又开始复苏，他们要把偏僻的岭头村变成富贵的岭头村，为谨慎行事，不叫"贵岭"而叫"桂岭"，并在房前屋后广植月桂，几株香桂，无限乡思，由此更激发了蔡氏家族的宏大抱负，"上一层峰拱天鸡"，于是定村名为"桂峰"。

明代洪武年间，尤溪分为五十个都，桂峰属十六都的中心村落。在人口迅速发展的基础上，桂峰蔡氏的农业经济也增长很快，他们在洋中镇以及附近乡村购买田地。同时，桂峰蔡氏十分重视"耕读传家，经史名世"的祖训，族中开始办公学，富裕家庭办私塾，许多读书人获取了功名，并新建了蔡氏祖庙、蔡氏宗祠以及二十多座豪华居家大厝。尤溪知县刘澍覃有诗道：

　　　　云梯级级步崇岗，上有高楼接大荒。

↓ 洋中镇际深村际头自然村蔡氏宗祠

比屋环居蛛结网，连山奔赴凤朝阳。

年丰岂为催租苦，农隙偏因种菜忙。

涤我尘襟聊小住，芝兰满室正闻香。

15世纪中叶至18世纪中叶，桂峰发展到了鼎盛时期。当地农业经济快速发展，大户人家购置田产并出租，从本县到外县迅速扩展到建阳、邵武、顺昌、永安、古田、闽清、永泰等地，每年户均收佃租5000石以上，其中最多的一户年收佃租6900多石；商业经济也得以发展，人们外出经商到福州、南平等地，收获颇丰。村中豪华楼院大量增加，不仅房屋规模体制扩大，而且材料讲究，做工精细，彩绘、雕刻都达到了很高的水平；村中书斋书楼不断扩建，文人学士也逐年增加。这个时期，从福州到尤溪、大田等地的官道都经过桂峰，桂峰成了一个重要的驿站，商贾云集。

↓ 洋中镇浮洋村老宅遗址

民国时期实行保甲制。桂峰和周边小村庄分片划保：以穿村而过的坑头溪为界，后门岭、李厝垄一边和后寮、君竹党、天堂为桂后保；以坑头、下坪街一边与上塘、三石、牛头坪、半岭坑为桂塘保。中华人民共和国成立后，桂峰是洋中人民公社的一个生产大队。1961年后，桂峰成立公社，辖桂峰、上塘、天堂、浮洋、官洋、王宅六个大队，后并入洋中人民公社。1984年改制，人民公社管委会改为乡（镇）人民政府，桂峰系洋中镇人民政府下辖的一个行政村。

据《桂峰蔡氏族谱》载，蔡氏除了留守桂峰当地340余户1200多人口外，迁出桂峰在异地立祖或落户的不计其数：双洋村有150余户700多人，小官洋村500多人，际口村210余户近1000人，际深村430多人，浮竹村300多人，贵善村170多人，后寮村400多

↓ 西滨镇双洋村蔡氏宗祠

人，洪坑村600多人，洋中村300多人，城关300多人，丹坑300多人，筇竹墩120多人，樟湖下炉村200多人，松洋村300多人，沙县400多人，福州120多人，在百人之内的还有龙洋、后楼、西滨、香山、安宁、西芹、岳溪、龙池等。可见，桂峰蔡氏开基历史悠久，后裔分布广泛，可谓源远流长，枝繁叶茂。

此外，还需要特别指出的是台溪东山蔡氏支脉。东山肇基始祖蔡雄，系桂峰开基始祖蔡长的六世孙，排行第四，他的三位兄长为立、治、英。长兄立早

↑ 台溪乡东山村千年红豆杉

↓ 台溪东山村

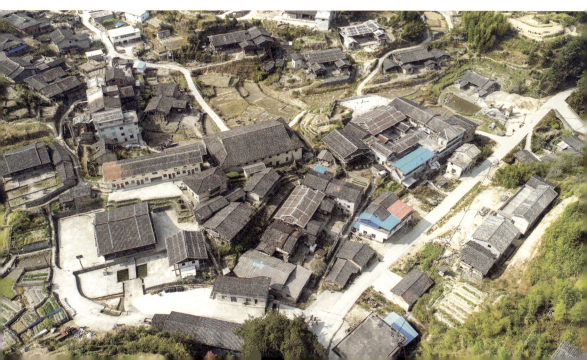

洋中镇际深村际头老街

洋中镇际深村际头自然村蔡氏宗祠山门

洋中镇际深村际头自然村蔡氏宗祠正堂

洋中镇浮洋村小官洋自然村

台溪乡东山村蔡氏宗祠

西滨镇双洋村蔡氏宗祠正堂

洋中镇际深村际头自然村

天；二兄治迁居台溪后隔村；三兄英承蔡岭本支祖，他开基台溪东溪头，繁衍东山村蔡氏一脉，成为东山村的始祖。蔡雄开基东山八百年来，后人开基南平、顺昌、邵武、永泰、白沙，甚至湖广等地，至今发展至千余家。

蔡氏历代族贤选介

从宋代淳祐七年肇基桂峰以来，蔡氏一直遵循"耕读传家"的传统理念，耕田经商，发家致富，创办书斋，培育人才。八百年来，蔡氏宗亲涌现了许许多多的贤达人才。

蔡长 蔡长的祖辈在宋代哲宗元祐年间就携家人寓居十七都樟溪白叶黄坑口，育有三子，依次为蔡仍荣、蔡参、蔡农，长子迁十五都槐坑，次子仍居黄坑，三子即蔡长公之父移居叶宅。蔡长的祖父认为叶宅地隘，于是就叫蔡农于崇宁二年（1103）迁往三石井头湾。蔡农跟蔡长说过这样一段话："吾廉吏，子孙今虽流离播迁，甘心田亩，不过，暂为避害之图，诗书之泽，未可忘也。"并引周公封子于鲁的典故深情嘱托："欲恢前业，大须启尔字（'字'当为'字'，编者注），可矣。"可见，长辈对蔡长寄寓了厚望。此后，蔡长芒鞋箬笠，翻山越野选择宅基地。当找到桂岭这个好地方时，高兴地赞叹："异哉！斯非我祖在天之灵贻我以无疆之祚耶！"于是修筑简陋的房子住了下来。

宋建炎元年（1127），蔡长定居桂峰。他勤俭持家，以"耕读传家"的传统理念教育后人，使蔡氏子孙长盛不衰。后人赞扬蔡长："诗曰：'贻厥孙谋，以燕翼子'。又曰：'燕及皇天，克昌厥后'，公之谓也。如公者，诚所谓德之至，功之极，以永长夫子孙也！"做一个功德无量的长者，被赞为"德之至，功之极"，该是多么不容易啊！

蔡茂相　名云鹊，号羽皇，字茂相，明天启六年（1626）九月生于尤溪洋中际口村。茂相的父亲蔡时馨授惠州训导，家道殷实。茂相自幼聪慧，秉承父训，渐长崇文尚学，励志进取。加之母亲黄氏教育有方，为茂相四处借书，促使他博览群书。及长，茂相随父到汀州（龙岩长汀），既学文又习武。清顺治壬辰年（1652），27岁的蔡茂相获邑庠，康熙丙午年（1666）中试举人第九名，次年丁未年（1667）联捷进士，授陕西省岷州卫守备。蔡茂相殚精竭虑，政绩斐然，被朝廷授予"怀远将军"之嘉誉。

蔡茂相素来尊长敬祖，中进士第二年就与族人商议筹划兴建桂峰蔡氏宗祠事宜，并亲自主持选址、筹资、设计、备料等项事务。三年后，蔡氏宗祠落成。此后，他立即主持大规模的族谱修撰工作，约请德高望重的族人蔡行中、蔡日憨主笔。这次修撰对蔡长肇基桂峰四百多年来的源流沿革、繁衍播迁的脉络做了核实订正，对遗漏的史实和新近的发展做了增补。而这距离明万历四十二年（1614）桂峰蔡氏首次修谱，已经过去了五十八年。康熙二十五年（1686）三月，蔡茂相卒于宦署，享年61岁。

蔡茂相一生黾勉从公，行事公道，执事认真，深受后人敬仰。蔡氏宗祠建成后不久，桂峰宗亲就在宗祠下埕右边立了一座六米多高的花岗岩镶围斗石旗杆，以示族人得过显赫功名，激励族中子孙奋发有为。

蔡念殷　蔡念殷是饱学之士，村里的读书人只能望其项背。可他认为，学海无涯，一生求索仅得半桶之水，书山之高，竭力攀登，也只能到半山而已，于是，他以"半山"为号，村人称他"半山老爷"。

蔡半山，字禹琏，桂峰蔡氏二十三世孙，生于清康熙五十四年（1715）。据桂峰蔡氏族谱记载，蔡半山学识渊博，尤其精通岐黄之术，且医德高尚，深受村人敬重。

在桂峰村，半山老爷有许多传说故事，有的相当神奇，但在族谱中关于他的记载文字却不多。蔡半山一生在村中教书，课余在乡间行医，受过他教诲的弟子和救治的病人很多，敬重他的人自然也多。据村里老人讲，半山老爷在村里各种疾病都能看，相当于现在的全科门诊，他尤其擅长治疗麻疹，只要在田头地角采几把青草药就能治疗。

蔡以成　蔡征藩（父子翰林） 父子翰林，指的是仁房子显公的第二十四世孙蔡以成和他的儿子蔡征藩，他们父子分别是嘉庆和道光时的进士，同被钦点为翰林院庶吉士。

蔡以成，字乔木，号韶九，清乾隆二十七年（1762）八月生于桂峰，戊午科乡试中举，三年后的壬戌科会试中进士，钦点翰林院庶吉士，改授四川甯县知县，历署铜梁县知县、会理州知州、杂谷理番直隶州知州。丁卯科四川同考试官，诰授奉政大夫。嘉庆二十四年（1819）卒于福州，终年58岁。

蔡征藩，字价斯，号薇堂，以成第四子，生于清嘉庆十三年戊辰年（1808）九月，24岁乡试中举，辛丑年（1841）会试中进士，钦点翰林院庶吉士，授职编修，己酉科（1849）任顺天乡试同考试官，国史馆协修，后补江西道监察御史，兼管陕西道监察御史，转掌四川道监察御史，咸丰四年（1854）三月，补吏部给事中，不久，奉旨补授广东高廉兵备道等，咸丰十年（1860）病故于琼州任上，终年53岁。

以成、征藩父子聪慧好学，走上仕途后，一意为国效劳，清正廉洁，精忠报国，鞠躬尽瘁。

蔡钟铭　蔡鸣凤（兄弟举人）　兄弟举人，指的是桂峰村蔡清信、黄荣使夫妇的儿子蔡钟铭和蔡鸣凤。蔡钟铭，字经纶，己卯科（1819）乡试中举，例授文林郎，拣选知县，掌教开山书院间修县志。蔡鸣凤，字经腾，道光戊子科（1828）中举，三次拣选知县正堂，掌教开山书院兼修县志。兄弟二人天资聪慧，刻苦好学，为桂峰后人树立了发奋读书的好榜样。

↓ 桂峰蔡氏祖训石雕

耕读传家的家族精神

"绳其祖武唯耕读；贻厥孙谋在俭勤。"这是桂峰蔡氏宗祠的
大门联，也是桂峰蔡氏的传家精神。

在农业文明社会，人们格外注重田产，耕田是农家的恒产，
没有恒产就难以巩固封建秩序。从蔡长肇基桂峰起，蔡氏就很重视
开荒造田，扩大粮食种植面积，除了稻田之外，他们还开山种植旱
稻、高粱、玉米、粟，特别是引进红薯之后，房前屋后的空地上都
种上红薯，有的家庭一年收入红薯几十石，弥补了大米的不足。有
些家庭经商发财，有了条件就购买田产，从洋中镇到附近乡村，从
尤溪到外县，在南平、顺昌、邵武、沙县、永安等地都有田产，收
佃租最多的家庭一年竟达到7000石！可以说，辛勤耕作和大量购

↓ 蔡氏宗祠门楼

置田产是蔡氏定居桂峰并迅速发展的一个重要原因。

耕田果腹，经商发财，而读书才是发家的根本。

桂峰蔡氏宗祠有一副楹联："兰水家声远；西山世泽长。"上联说的是桂峰蔡氏祖先的来源："兰水"，指莆田仙游的木兰溪，蔡襄（1012—1067）字君谟，莆田仙游枫亭人，家就住在木兰溪畔，他天圣八年（1030）19岁中进士，官至端明殿学士，有"北宋一代名臣"之嘉誉。下联说的是桂峰蔡氏的文化起源："西山"，指一代理学名臣蔡元定，他18岁丧父，就在离故乡不远的西山高处构筑书屋，苦心治学，世称"西山先生"。桂峰蔡氏认为，蔡元定是他们的文化先祖，耕读传家，敦睦知礼，特别是他大办教育，村有公学，厝有私塾，聘请远近名师执教，仅明清两代就出了3位进士、12位举人、76位贡生、412位秀才。无论是受朝廷之命出任州府为官，还是在乡梓传道授徒，桂峰的读书人都为当地人所称道。

↓ 耕地是农家的恒产

中国民间
文化遗产
抢救工程

THE PROJECT TO CHINESE
FOLK CULTURAL HERITAGES

SOS

　　桂峰，依山就势分布于村中的三面山坡之上，层层叠叠，错落有致，小桥流水，曲巷通幽，真可谓"旋踵即景，移步换天"，历史上被誉为"山中理窟，云霞仙境"，可谓"厝厝均有文化，满街都是历史"。

↓ 石狮厝封火山墙

第二章
建筑风貌

古桥·古街·古巷

古桥

桂峰村口有一座古桥，叫石印桥，始建于明万历三十二年（1604），因桥下有一方如印巨石而得名。

石印桥旁有四株金桂，两株紫薇。四株桂花树根部的石墩分别砌成圆形、半圆形、长方形、正方形四个形状，隐喻着"日""月""书""印"四种物像，寓意美景如日月一样永恒，权力源自于知识。

石印桥，是桂峰村旧时最繁华的区域，古称"印桥皓月"，有

↓ 桂峰村

一小溪从石桥下流过，旅馆、酒肆、商铺蜿蜒布局于小溪两旁，石砌古道与小桥流水相映成趣，茶楼酒肆和旅馆商铺鳞次栉比，再辅以石碑镌刻，印证了明清时代街市的繁华。

古街

下坪古街，简称"下坪街"，位于桂峰村的中心地带。一进入村口，就看到这一排紧密相连、精致典雅的古建筑。下坪古街由南向北，南接石印桥，在与石印桥衔接处有一块开阔地。所谓"街"者，便是明清时期当地和外地百

↑ 下坪街

↓ 石印桥

姓入市交易之处。下坪街上的建筑年代大多为清中后期，建筑较之于其他房屋显得略矮一些。

下坪街最有特色的建筑是房屋之间的封火山墙。那厚重而突兀的封火山墙，可以有效地预防火灾的蔓延。

↑ 美人巷

古巷

桂峰村的一个显著特点，就是有路皆石，曲巷通幽。

桂峰村地势陡峭不平，每座房屋之间的空隙相对窄小，因此要用大量的石材构筑护坡，这样就形成了很多曲径通幽的小巷。为了便于行走，又在崎岖的通道上铺上石板条，形成了独特的石巷。

在桂峰的石巷中，经村委会门口沿着岭头溪蜿蜒而上的那条最为引人注目，各地游客到桂峰，都喜欢以这条石巷为背景留影，人们称这条石巷为"美人巷"。

祖庙宗祠

　　桂峰有祖庙也有宗祠。祖庙原是供奉祖宗、先辈的神像和灵位，供族人祭祀朝拜的场所；宗祠原是族人聚会、议事和处理族内事物或纠纷的活动场所。清末以后，这种功用的区分逐渐模糊。

蔡氏祖庙

　　蔡氏祖庙位于桂峰村的中心，坐南朝北，占地面积1390平方米，建筑面积731平方米，为二进制单檐悬山顶抬梁式木构建筑，是桂峰蔡氏最早的肇基之地。祖庙背倚青山，被称为"丹凤衔书"之地。

　　蔡氏祖庙始建于宋元时期，清乾隆五十五年（1790）六月廿二日夜，周围民房失火，殃及祖庙。次年在旧址上重新鼎建蔡氏祖

↓ 蔡氏祖庙

↑ 蔡氏祖庙天井

↑ 蔡氏祖庙楹联 1

↑ 蔡氏祖庙楹联 2

庙，现存建筑基本完整。祖庙中轴线上由南向北依次为正堂、天井、下堂。祖庙整体建筑粗梁大柱，翘角飞檐，雕梁画栋，古朴典雅。

正堂为三层建筑，抬梁式与穿斗式混合结构。上堂面阔五间，明间高大宽敞，厅头设有神龛，置历代祖宗之神位，供后裔春秋祭祀。

三楼大厅设有一个方窗。从方窗向外望去，上下两丘梯田，就如翻开的书本，而田中的禾苗就如书中的文字。大厅两侧分置两个圆窗，寓丹凤之双眼，这就是"丹凤衔书"名称的来历。

沿11级垂带踏跺而下，便是天井，地面全部用青石板铺砌而成，两旁设花架、置盆景。左右为厢房，两边走廊各置9级如意踏跺。

下堂建筑简单大方，屋面正脊彩绘各种花卉图案，色彩艳丽，栩栩如生；门厅悬挂"翰林第"牌匾，两侧分置两个圆形花窗，次间各置两扇大门。顺堂前11级垂带踏跺而下，是三个前埕，埕前立有照壁。

整座建筑四周有石砌走廊，屋后有

五层花台。花台沟边左右各有一口小水井，清泉汩汩，被誉为风水的"龙眼"。

蔡氏祖庙是桂峰重要的建筑之一，它在蔡氏子孙的眼中，占有十分重要的位置，是村民祭祀祖先的地方。

蔡氏宗祠

蔡氏宗祠位于石印桥上游，是清康熙己酉八年（1669），蔡茂相（名云鹤）高中进士后第三年主持兴建的。全祠用80根巨大杉木柱子构建，大梁宽枋，不用一钉一铁，全部用榫卯镶嵌而成，结构严密，富有特色。据桂峰《蔡氏族谱》记载，当时正值盛世，也是蔡氏家族鼎盛时期，"一时拔币兴工，备极辉煌冠冕"。从此，蔡氏宗祠成为蔡氏族姓重要的纪念性建筑之一。

蔡氏宗祠为二进制单檐悬山顶抬梁式木构建筑，占地面积948平方米，建筑面积616平方米。蔡氏宗祠中轴线上由南向北依次为

↓ 蔡氏宗祠中堂外廊楹联

正堂、中堂、门楼。

正堂面阔五间，左右次间与明间相通，构成一个宽敞的大厅；地面用石板和石灰三合土铺就，坚固异常。正堂为祀典活动的主要场所，因采用减柱法构建（抬梁式与穿斗式相结合），所以有五爪龙构件。厅宽10米有余，植四柱。

↑ 蔡氏宗祠正堂

正楣中设一神龛，龛内竖立"皇清敕授儒林郎翰林院吉士六世祖登瀛蔡公妣徐安人神位"灵牌。楣柱悬挂清乾隆年间宰相、内阁大学士蔡新亲笔题写的楹联："人心知水源木本；庙貌报祖德宗功。"角柱悬挂今人题写的楹联："桂馥千秋贻谋种德如种桂；峰雄万仞励志高怀仰高峰。"额悬"著存""进士""兄弟举人"匾。左悬"文魁"一匾，落款"钦命内阁大学士兼礼部侍郎巡抚福建等处地方提督学院邵享豫""同治戊辰年乡荐中武贡生蔡扬章立"。前左悬今人立"兄妹硕士"匾，前右悬今人立"硕士"匾各一方等。沿垂带踏跺而下，为天井，左右各置花

↓ 蔡氏宗祠屋脊二十四孝浮雕

架。两侧为厢房，成门厅式结构。

中堂内昂上悬"父子举人"匾，正楣柱悬挂楹联："最喜渊源崇元定；尚期家世继君谟。"内廊悬挂楹联："祖宗传克勤克俭；子孙法唯读唯耕。"外廊悬挂楹联："宗功垂福泽；祖德衍家声。"中堂屋脊为形态逼真的《二十四孝》浮雕图案。中堂之前是一个小庭院，院内树一根石旗杆，旁植奇花异草，芳香阵阵扑鼻。

门楼小巧华丽，额书"蔡氏宗祠"，左额画"鹿竹（禄足）双庆"，右额画"鹤寿松龄"；左侧墙檐有"凤朝牡丹、鸳鸯戏水、四喜登梅、孔雀开屏、鱼跃龙门"组画；右侧墙檐画"福寿平安、花开富贵、梅鹊争春、傲霜秋菊、喜气馥沁"组画。门联书："绳其祖武唯耕读；贻厥孙谋在俭勤。"门楼内柱联书："兰水家声远；西山世泽长。"大门以石材为框，厚重的大门板上绘制尉迟恭、秦叔宝两位门神像，显得十分威武。

↓ 蔡氏宗祠屋脊二十四孝浮雕

明清古厝

　　桂峰古村落，依山就势，分布于三面山坡之上。在这三面山坡之上，又层层叠叠、错落有致地分布着39座明清时期的古建筑，其中，现存的明代建筑有七家楼、万福厝等。

　　桂峰古建筑，有着明显的地域特征，主体皆为悬山顶木构建筑。不用一钉一铁，全是榫卯镶嵌而成，其斗拱翘角，雕刻精美，用料考究，保留完整，蔚为大观，是研究福建省封建历史和明清建筑艺术的"活化石"。国内外专家、学者、权威人士到桂峰参观考察后惊叹："古建筑规模如此之大，文物古迹原貌保留如此完整，在福建省乃至全国尚属少见！"

石狮厝

　　石狮厝位于村部右后侧，因厝内藏有一精美的石狮而得名。该厝系蔡氏天房二十五世加朝公于清嘉庆年间所建，面阔五间，进深二间，占地面积590平方米，建筑面积486平方米。

　　石狮厝主体为悬山顶穿斗式木构建筑，其中轴线上自东向西依次为围墙、上堂、天井、下堂、空坪、围墙，左右有厢房、护厝、门楼、书斋等。整座房屋台基用青石砌筑，斗拱翘角，装饰十分华丽。

　　上堂分别有明间、次间、梢间，地面为三合土捣筑。正厅中柱穿斗木雕有六条古龙，雕刻图案为"双龙朝斗"；昂首雀替中雕双鹤，左为"双凤朝阳"，右为双麒麟。前廊明间与次间脊檩用卷棚拱筑，中置斗拱，左斗拱上有双麒麟、空城计和福、禧人物木雕组合；右斗拱上有狮、马和寿、禄人物木雕组合。走廊墙裙，左右各有三副木浮雕，右廊墙裙中为"凤朝牡丹"，左为博古秋菊，右为博古幽兰；左廊墙裙中为"凤朝牡丹"，左为博古水仙，右为荷花。正房和厢房交接处，因地势有落差，为防止雨水溅落，左右各置一道挡溅墙，并在挡溅墙上浮雕作画，浮雕主要内容有风景、花卉、仕女、流云及博古图案等；中砌垂带踏跺，两旁为如意踏跺。天井全部用青石板铺就，厢房分列左右。

厢房为单层建筑，面阔两间。两个槛窗为镂空木雕，左槛窗中为福、禄抽象木刻团雕，上首嵌雕两块琴、棋图案，下为书、画图案；右槛窗中为寿、禧抽象木刻团雕，上首为嵌雕松、梅图案，下为竹、荷图案。

↓ 石狮厝石狮

石狮厝木窗

石狮厝山门

石狮厝石雕

石狮厝

石狮厝下堂正门

石狮厝下堂正门太极石刻

石狮厝正堂

石雕是石狮厝的一大特色。正厅柱础雕有"鲤鱼跃龙门""松鹤延年""麒麟送子""鹿竹双庆""马上封侯"等。最华丽的是下堂石门额枋卷书石刻:中为"爱吾庐",左为"居仁",右为"由义"。石门下方浮雕:中圆为太极,外围为火焰,比喻太阳;左右为双凤、双蝠,边为祥云;下方为翻腾的波涛,整个画面构图为"双凤朝阳"之意。石门框侧为如意,正面各雕刻一身着铠甲武士,单手撑托上石枋,其右浮雕分别为"麒麟送子""双狮戏球""拄杖寿星"等。石门柱下方浮雕缠枝花卉、松鼠、古龙。在门的两侧各镶嵌一方形石雕图案,中为长命锁,四周边框镌刻琴棋书画与暗八仙组合浮雕等。

石狮厝山门有一副石刻的楹联:"三谏风高,勋业在苏黄以上;九峰派衍,渊源从朱李而来。"背额书"紫气东来"四字。

石狮厝以石雕、木刻著称。据说,石匠、木工因精雕细刻费工费时,工程进展缓慢,东家对此事全不计较,任其所为,好饭好菜相待,工钱照付不误,故工期拖至十余年才竣工。其中,有良知的石匠有感于东家的善待之恩,特雕造一尊雄狮相送,以示雄狮能为主人守户安财、驱邪定宅,主人如雄狮一样雄姿勃发、威武强壮、多添人丁、消灾祛病。

楼坪厅大厝

楼坪厅大厝位于村部后侧,占地面积594.6平方米,建筑面积520平方米,为二进制悬山顶穿斗式木构建筑。因临水地势矮于主房地面约有半个楼层高,所以把厅堂置于二楼,作为该厝的二厅。古时没有钢筋水泥浇筑,厅面只能由木板铺就,久而久之,人们喧宾夺主地称之为"楼坪厅"。楼坪厅大厝是已故台胞蔡龙豪先生的旧居。

楼坪厅大门为石筑，与四周围墙相连。门额题写"绩绍西山"四个大字，左书"丙申仲冬月"（清顺治十三年，即1657年），右落款"黄绍芳拜题"。此方匾额与后门岭大厝门首华表匾额"功继兰水"恰是一双工整的对子匾。大门两侧绘有壁画，左图为身着元代服饰的骑马官员，前有侍卫，后有华盖相随；右图为一书生，左上侧绘有一圆月，内有二人手持桂枝，寓"蟾宫折桂"之意。这扇大门，为门楼的大门。走进门厅，中置一道封闭式大门，平常行走从两旁出入，逢重大喜庆才打开中门。门楼左右与厢房转角处各设一个拱门钱库，左额书"彤云"，右额书"紫气"。门楼后是天井，地面全部用青石铺砌，沿垂带踏跺向上便是正堂。

正堂主体为二层悬山顶建筑，大厅与走廊的地面均为三合土

↓ 楼坪厅"绩绍西山"门楣

↑ 楼坪厅大厝门窗

↑ 楼坪厅大厝正堂穿枋

构筑。大厅昂、枋的两头均有木雕作替，中柱雕刻有"古龙双庆""梅花雀替""荷花撑托"等。正楣设一神龛，以立祖宗之神位。额上现存两个镀金双鹤木雕匾座，神态逼真。前廊内檐明次间的脊檩上，均有古龙和五蝠（谐音"五福"）木雕。前廊左右木墙裙浮雕内容分别有八卦（太极）、寿瓶菊花、博古吊磬、寿瓶牡丹、古琴宝剑和八仙故事等。廊柱础石刻，左为暗八仙镶镌琴棋书画，右为暗八仙镶镌菊梅桃牡。左厢房边有一石砌古井，井水清澈见底，入口甘甜如蜜。

正堂明间与厢房交接处屋面置有挡溅墙。左挡溅墙内侧浮雕为斑鸠、翠荷、秋菊；外侧浮雕为风景园林等。右挡溅墙内侧浮雕为鹧鸪、石榴、幽兰；外侧浮雕为风景画、青松翠绿、百花斗艳。画面构图似乎就是本座房子大门的外观，画面门上有"风调雨顺享安乐；国泰民安定太平"的楹联。

左侧临水边再建一横楼，古时专供接待贵客和子女读书之用，现为已故台胞蔡龙豪先生纪念厅和桂峰村图书馆。

后门山大厝

后门山大厝位于桂峰的东北部，穿村而过的岭头溪的最上游，建于明末清初，占地面积3000多平方米，建筑面积1400平方米，为二进制单檐悬山顶抬梁式木构建筑。据传，后门山大厝耗资13000两白银，历经十余年建成。

后门山大厝整个地基建在陡峭的山坡边，石砌护坡从山涧底部的石滩上开始砌筑。为防止泥石流坍塌，仅明暗护坡就砌了14层之多，每道护坡高达30余米，均巨石垫底。整个建筑宏伟，工程浩大，有"福建的布达拉宫"之称。

后门山大厝的主体建筑，在中轴线上自东北向西南依次为上堂、下堂和左右厢房。右侧为护厝，左侧为护厝、书斋、书楼、洗砚池及崖刻等。四面环筑土石围墙。房子主人模仿官家府第结构而

↓ 后门山大厝

后门山大厝地洞

后门山大厝山门

石砌护坡

后门山大厝穿枋

柱础

石锁

后门山大厝上堂

后门山大厝下堂

建，用料考究，做工精细。正堂为二层，面阔五间，进深二间。明间十分宽大，地面为三合土捣筑，历经几百年仍坚固异常。大厅中植四柱，下垫八角花岗岩柱础。在宽大的大厅中，这四柱起分散主梁受力的作用，有别于其他建筑。正楣为朱色大门镶龛，构建独特。厅正栋柱雕刻五龙，镶刻五蝠（谐音"五福"）；造月梁底托为龙凤，中柱枋雕有蝙蝠、菊花雀替。厅柱础底为莲瓣，鼓腹处镌刻"鸳鸯戏水""梅花鹿竹""荷花鸳鸯""鹤寿延年"等图案。正厅上悬"国之屏翰""文魁""武魁"等牌匾，可惜这些牌匾在"文革"期间被毁，只留下匾座。厅前廊边置两块移动式屏风，中间团画"博古山水""八仙过海"等图案。前廊墙裙木雕缠枝状古龙，上窗为镂空花窗，窗下方木雕"双狮戏球"。上堂与下堂结合处置一挡溅墙，左墙浮雕葫芦、芭蕉圃扇与松鹤；右墙浮雕松鹤蜡梅与书剑琴棋。其余空间，绘有如意、卷草云彩画等。边厢窗花均为古"寿"字，佐以缠枝花卉，构图别具一格。

下堂为房子主人接待普通宾客之处。中为客厅，中柱梁架上雕有古龙雀替。厅后边设三重门，正门平常关闭，逢重大红白喜事才能打开，日常只能从两旁出入。明间与正堂相对小些，次间、梢间、尽间与厢房相连。下堂形制基本与上堂相符，所不同的是其右为边厢，左边为小门口。小门口上雕双菱、缠枝花雀替、钱纹、双圈纹等木刻。小门口之下另设一石门亭，额题与楹联基本毁坏，仅存下联"四迎送礼"几字。

后门山大厝的书楼、书斋和崖刻题字位于护厝之左，中间浚有一方约30平方米的洗砚池，环境清幽。虽然书楼已倾圮，书斋也倾斜破败，但从地基规模可以想见当年习文练武的情景。洗砚池右后侧刻有"活源"，左后侧镌有"蒸云"崖刻。书斋正厅壁上贴有当时考取功名的捷报，为此地又增添了几分书香韵味。据记载，后门山大厝出过父子举人2名、秀才7名，在桂峰村影响较大。然而，这个曾经显赫一时的大户人家，后来多种原因致使家道中落，其曾孙、玄孙最终只开价1300两银子，将后门山大厝拍卖给同宗天房的一家富豪，房屋主人迁徙他乡，不禁令人感慨万千。

值得一提的是，在地下暗护坡的夹层里，留有一处可供十几人藏匿的地洞，洞长约15米，高1.7米，宽1.2米，洞口设在隐蔽处，人称"孩子洞"。据说，这是主人为了躲避土匪的骚扰，特意在地下护坡的夹层里设置的"避难洞"。

后门岭大厝

后门岭大厝位于桂峰东南面的主峰下，紧邻祖庙龙脉的右边，坐丁向癸，为二进制单檐悬山顶穿斗式木构建筑，占地面积1026平方米，建筑面积893.75平方米，始建于清乾隆十二年（1747）。沿中轴线由东南向西北依次为后堂、天井、厢房、二堂、天井、照壁。左右为护厝，左侧建有华表山门。

后门岭大厝的特殊之处在于二堂为主厅堂，厅宽近8米，高大宏伟，是全村最大的一个厅堂，号称"大厅堂"。主人原本想把主楼建成二进制两层楼，建一个大厅祭祀他最信仰的神明——萧公菩萨（当地信仰神和农业保护神），地

↑ 后门岭大厝二堂

后门岭大厝垂带踏跺

后门岭大厝天井

后门岭大厝正堂

后门岭大厝

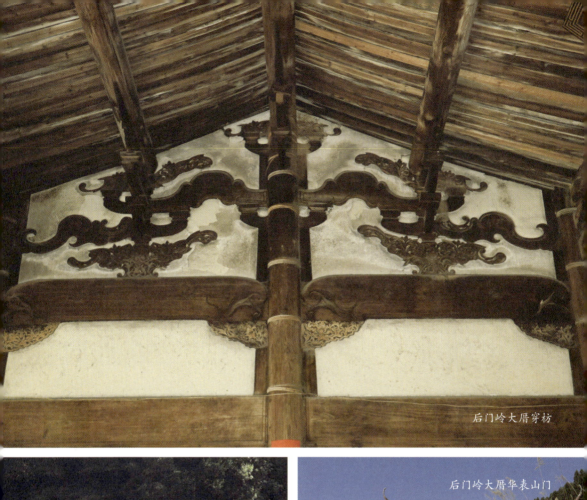
后门岭大厝穿枋

后门岭大厝华表山门

后门岭大厝木雕门窗

基都已经砌好了，可听说萧公忌进两层的房屋，最终只好顺从神明的意愿，放弃了建两层楼房的主张，因此才有了二堂作主厅堂。二堂正厅设正楣，后为神龛，祀祖宗之灵位。平常两扇大门关闭，祭祀时开启。正楣柱悬挂一副楹联：“大业惟修德；敦伦在读书。”二堂梁枋雕刻形意古龙，下有各类花卉雀替。

后堂为双层木构建筑，共分明、次、稍、尽间，进深两间。廊外有护厝，进深三间。正设垂带踏跺，有11级落差，特别之处是象服石往里凹，深约0.5米，使踏跺的垂带成悬空状。天井全部用青石板铺就，边沿修成弧形，做工十分讲究。天井两侧为双开间厢房，窗花全部用镂空雕刻，图案优美，做工十分精细。前廊柱础阴阳雕刻“荷花仙鹤”“蟾宫折桂”“喜鹊登梅”以及左男官、右女侍等图案。

在离正厝左侧30米处，设一华表山门，额题“功继兰水”四个行书大字，上书“丁卯菊月”，下书“林慈”等字；旁左绘“喜鹊登梅”“龙凤呈祥”等图案。此匾与楼坪厅大厝门额的“绩绍西山”遥相呼应，一“山”一“水”对仗工整；楼坪厅大厝出文官安邦，后门岭大厝有武士定国，可谓一文一武各领风骚百余年。据说，后门岭大厝有一柄祖传关刀重达160斤，但是否有人用它为国立功而“功继兰水”无从考证。

后门田大厝

后门田大厝位于村部右侧山边，坐东向西，占地面积1000多平方米，建筑面积600多平方米，始建于清咸丰年间，工程浩大乃全村之最，为三进制单檐悬山顶木构建筑，四周筑以围墙，仅外围山墙就迤逦数百米。桂峰古厝多为二进制，唯独后门田大厝为三进制，独冠全村。据载，因房屋主人在建筑后期出现意外变故，致使护厝木料备齐未能架设，地面部分来不及装修，工程不得已中断，留下一些缺憾，但是就其艺术氛围来说，不失为桂峰现有建筑的佼佼者，特别是木刻数量繁多、工艺精湛，堪称尤溪县乃至福建省各类古建筑之最，在福建省民居中独树一帜。

后门田大厝正堂为二层木构建筑，面阔五间，进深三间。明间宽大气派，雕刻精美。正栋柱上为如意穿斗，下为五爪古龙，缠枝菊花为枋替。正楣设一神龛，整块大额枋雕刻"双寿""卷书""万蝠（福）流云"等花卉图案。厅左整块大额枋雕刻龙卷草、琴、书及人物故事；厅右整块大额枋雕刻寿、钱、屏风式卷书

↓ 后门田大厝正堂

后门田大厝前廊木雕

后门田大厝大额枋木雕

后门田大厝穿枋木雕

后门田大厝厢房鲤鱼跃龙门浮雕

后门田大厝山门

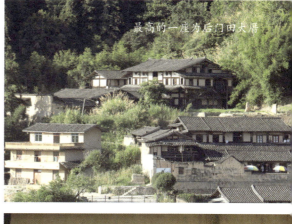

最高的一座为后门田大厝

后门田大厝门窗

及人物故事。前廊明间内檐雕刻琴、棋、书、画和人物故事，出挑雕刻牡丹、寿桃、石榴、书剑等。前廊次间内檐雕刻清"太平通宝"钱币、"圆寿"，外檐雕刻牡丹、龙纹图案。左右大额枋和前廊内外檐木雕的内容大体相同。前廊外墙裙四扇分别雕有博古花瓶、琴棋书画、八仙蝠（福）寿、飞禽走兽；窗花镂空雕刻蟹、虾、花瓶、琴书、博古、暗八仙等，两边雕刻风格大致相同，内容有所变化。

正堂前方两边是厢房，厢房走廊额枋上的雕刻是后门田大厝的又一特色。左厢房首枋正背雕刻牡丹；二枋正背雕有双鲤鱼；三枋雕刻不老松；转角昂上雕刻缠枝花卉。右厢房首枋正面雕刻如意牡丹，背面雕刻花篮；二枋正面雕刻三鱼戏水，背面雕刻三鱼；三枋正背雕刻木锦花；角雕缠枝牡丹。

中堂后走廊内檐镂雕菊花、桃花等。中堂设正楣，楣边雕刻方天画戟、斗象、箭壶、马鞍、钟磬等。中堂正栋柱浮雕如意穿斗、葫芦宝瓶。中堂通廊内檐磨间为人物、松鹤，次间雕刻花瓶、麒麟等。内廊外枋串雕百花卷草，为桂峰古建筑中所独有。

正堂柱础成鼓形，中堂柱础为瓜瓣形，前廊柱础为方斗形。

大厅地面与天井尚未进行装修，稍显凌乱。墙上张贴着清代厝主蔡兆源等科举考试的多张捷报。

上房厝

上房厝在后门岭大厝的右下侧，紧邻曲径通幽的后门岭石阶、石巷，建于清康熙年间，占地面积约600平方米，建筑面积近520平方米，为二层单檐悬山顶穿斗式木构建筑。

上房厝与众不同的是从大门口到正厅要过三道门厅，七八个门槛。三道门厅非寻常人家所设，平时二三道门不开，自家人进出只走边门。只有官场大人物、贵宾到来或办喜、丧大事才开三重门迎客。上房厝历史上曾是大户人家，出过有身份的官宦人物。

↑ 上房厝正堂

正厅楣柱上有一副楹联："行仁义事；存忠孝心。"为脱胎黑漆、镂锡金字，至今还保存完好。门首匾额的"永企敦仁"四字，出自清乾隆年间宰相蔡新之手，可惜石灰凸出的彩色浮字在"文革"期间被凿去，但字迹尚在，"葛山题"（蔡新，名葛山）三字还依稀可辨。门首背面的"星聚辉煌"四字为清嘉庆壬戌科进士、钦点翰林院庶吉土蔡以成

↓ 上房厝山门上的蔡以成题字

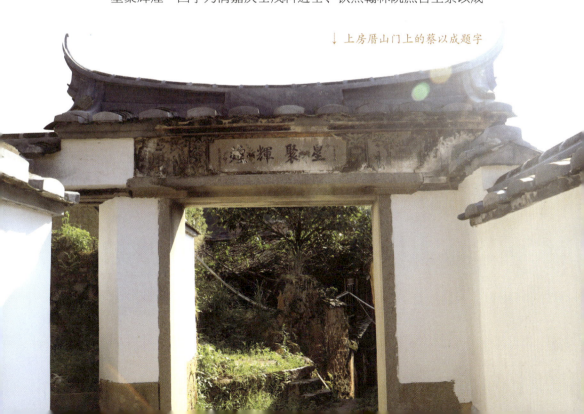

↑ 上房厝门楼

↑ 上房厝

所题，落款"韶九以成题"（蔡以成，字韶九），虽经两百多年的风雨冲刷，仍然色泽犹新。

上房厝文化底蕴深厚，"学而优则仕"者不乏其人，清代"兄弟举人"蔡钟铭、蔡鸣凤两兄弟乃该家族之二十六世孙，可惜"文魁"之类的数块牌匾在"文革"期间被毁。

长房厝

长房厝，因长房世柳公建造而得名，在桂峰村部的右后方，坐北朝南，建筑面积约1000平方米，建于清朝初期，为二进制悬山顶穿斗式木结构建筑，在中轴线上从北到南依次为正堂、天井、二堂、空坪、围墙；左右两边各有厢房、护厝。正堂面阔五间，进深五柱。整座房屋布局合理、结构严谨、气势恢宏。

站在长房厝的右前晒谷埕上，可鸟瞰桂峰全貌。后走廊，有大面积巨石垒砌的护坡，历经五百余年，虽几经山洪、泥石流的冲刷，依旧巍然屹立。在护坡的右下方，有一口清澈的水井，水质甘洌清甜，似琼浆玉液。

长房厝护坡分基坡和面坡上下两层加固。基坡高6米，宽30米；面坡高4米，宽24米。在桂峰村，同期砌筑的

↑ 长房厝护坡

↑ 长房厝穿枋木雕

护坡或多或少都有不同程度的崩塌残缺，唯此处全村第一大的石护坡，经数百春秋不歪不斜、无凸无凹，好似由无数片鱼鳞组成，因此人们称它为"鱼鳞坡"。人们用钢钎探其石缝，插到30—50厘米就再难深入，似有巨石或铁块相阻。

相传，长房世柳公在建造该厝时，与他人有些过节。该厝右后坡上方正好是他人的几大丘旱田，秋后田地里的裂缝可插入手掌。正当长房世柳公办梁下酒时，旱田的主人故意把渠水引进开裂已久的田里，造成新厝右后坡大面积坍塌，

↓ 长房厝

把正楣柱都给冲到了天井里，所幸并无人员伤亡。面对泥石流的威胁，长房世柳公只好砌石护院，怎奈石砌护坡经不住泥石流的冲刷，有时还会殃及正房。如此，塌了砌，砌了塌，来回折腾了好几次。最终，长房世柳公想出了一个绝招：不惜巨资，在砌石坡时用生铁灌注石槽，使石块连环加固，互相牵连，有力地阻挡了泥石流的冲刷，使石护坡至今丝毫无损。如今，石护坡也成为长房厝的一道景观。

↑ 长房厝正堂

大埕厝

大埕厝，又称武举厝，坐落在村中心祖庙上大埕的左侧，故称"大埕厝"，建筑面积约400平方米，为悬山顶穿斗式木结构建筑。

清道光年间，大埕厝有个叫蔡元庆的年轻人，身材高大，臂力过人，从小就喜欢舞刀弄枪，练就一身好武艺，一心想入仕报国，奈何屡次比试都不第而归。一年，近不惑之年的蔡元庆，在县试中得中武秀才，他高超的武艺和惊人的臂力，深得考官的赏识。在同年的一次乡试中，他终于力压群雄，摘取武举

↑ 大埕厝大刀

↑ 大埕厝

人的桂冠，圆了他的报国之梦。

　　大埕厝至今还留有一柄大刀置于大堂之上，重约130斤，成为家族荣耀的象征和传家之宝。

万福厝

　　万福厝位于桂花堆的桂花树东侧，建于明朝，为悬山顶穿斗式木结构建筑，两层四扇三间小庭院。

　　万福厝庭院虽小，却格外引人注目。主人选用树龄长久的老杉木做柱子，使木柱全身布满了形态各异的结巴纹理。这些纹理，有的像猛虎下山、孔雀开屏、如来坐禅、观音滴水，有的像猫头鹰扑鼠、孙猴子腾空，有的像鸟目、鱼目、牛眼、鼠目，还有的像蛟龙出水风起云涌、仙女下凡祥云缭绕……整座房屋的柱子如同一幅幅木刻版画，让人赞叹不已，人们称为"天然图画"。

↑ 万福厝

↑ 万福厝

福尤道上的著名驿道

桂峰，自古以来就是尤溪通往福州的交通要道，古称"驿道"，亦称"官道"。桂峰至福州的古驿道有两条，一条是出桂峰的三峡亭，经洋中的上塘、浮洋、官洋、王宅，下王宅岭到闽清，改走水路往福州；另一条是沿桂峰的资寿岭，经西坑峡到樟湖坂、湾口、闽清，改走水路往福州。

桂峰古驿道的路面都是用鹅卵石铺就的，台阶用的是条块青石。离村中五百多米处，有一块扁平的石块立在路面中间，当地人称为"出门石"，是村里与村外的分界线。过去，出殡的队伍到此，丧家主人就要跪请娘舅等亲戚止步，转身回家，其余人则跨过"出门石"，继续前行。

驿道上有凉亭，有古寺，为往来的车马和传递文书的官员差吏及商人过客提供歇息与食宿的方便。从桂峰去樟湖坂的驿道

↑ 桂峰古驿道

上，就有西坑峡亭、中亭（又称"半岭亭"）、资寿寺、尾亭（旁有"锽山寺"）。每座凉亭相隔大约五里，亭下或亭旁都有泉水，甘醇清洌，沁人心脾。

资寿寺，位于桂峰村北五里的驿道旁，坐南朝北，是一座千年古寺。据《尤溪县志》记载："资寿寺始建于唐乾宁四年，明崇祯十二年重修，清乾隆二十七年僧瑞光重修。"虽历经修葺，资寿寺的主体部分仍保留典型的唐代寺庙的建筑风格，可惜在1957年"破除迷信"时整座寺庙被拆毁，现只留下断垣残基。

↓ 桂峰古凉亭

"最喜渊源崇元定，尚期家世继君谟。"相传，著名理学大师蔡元定、蔡沈的后裔曾多次到桂峰讲学，清代名臣、太子太傅蔡新曾经视察过桂峰书斋。办学传承理学文化，居家营造理学氛围，明清两代蔡氏就培育了不少亦儒亦宦的名流。在八百年的历史沿革中，桂峰蔡氏后裔秉承"耕读传家"的祖训，在房屋架构、景观营造、楹联匾额等方面都赋予了厚重的理学文化。

↓ 书香桂峰

第三章

理学传承

桂峰理学源流

　　桂峰自北宋名臣蔡襄九世孙蔡长于南宋淳祐七年（1247）肇基以来，迄今已繁衍三十四代，走过近八百年的历史。

　　桂峰蔡氏先祖蔡襄，字君谟，北宋大中祥符五年（1012）生于兴化仙游枫亭蕉溪村，是济阳蔡氏入闽始祖用元三公的第六代孙。北宋天圣八年（1030），蔡襄十九岁中进士（甲科）第十名，与他同时中进士的还有欧阳修、包拯等。蔡襄中进士后，除了三次外派，均在京城为官，官至端明殿学士。北宋治平四年（1067）八月，蔡襄在家乡守墓期间病逝，享年56岁。宋孝宗乾道五年（1169）赐蔡襄谥号"忠惠"。

↓ 后门山书斋遗址

蔡襄为人刚直正派，信义照人；为官清正廉洁，爱国爱民。他一身正气，两袖清风，满腹经纶，文章锦绣，书法绝伦，获得"北宋一代名臣"的崇高赞誉。南宋著名理学家、教育家朱熹赞扬蔡襄："前无贬词，后无异议；芳名不朽，万古受知。"

↑ 玉泉书斋

桂峰蔡氏子孙承袭祖先之德，经过几个世纪的辛勤耕耘、创造文明，使桂峰成为方圆几百里的名门望族。明清时期，有六十多房蔡氏后裔迁到福建省各地谋求发展。在尤溪境内的桂峰蔡氏后裔主要分布在洋中镇桂峰村、溪口村、溪深村、官洋村小官洋自然村，西滨镇双洋

↓ 玉泉书斋外景

楼坪厅挡溅墙壁画

石狮厝门楣"爱吾庐"石刻

石狮厝琴棋书画石刻

石狮厝挡溅墙图案

蔡氏宗祠（蔡新书）

后门田捷报

李厝垅捷报

上房厝山门壁画

↑ 石狮厝书斋遗址

村，台溪乡东山村、安阳村、洋尾村等地，总人口达数万人。2014年，桂峰村被中国姓氏文化研究会、海峡姓氏文化研究院授予"中国望族名村"的称号。

南宋绍兴二十九年（1159），蔡元定知道朱熹在崇安（今武夷山市）五夫里讲学，就离开西山到五夫里向朱熹问易。朱熹在考核蔡元定的学问时，见他谈吐非凡，惊奇地说："此吾老友也，不当在弟子之列。"那时，从四面八方来的学子，朱熹必定先让蔡元定考询方能入学。朱熹、蔡元定二人师友相称，研究学问，著书讲学，长达四十年。在学术上，蔡元定成为朱熹的左膀右臂。

南宋乾道六年（1170），蔡元定重上西山设"疑难堂"，与朱熹在云谷的"晦庵草堂"遥望呼应。为了及时联络问学，两人在两山悬灯相望，夜间相约为号，灯暗表明学有难处，翌日往来解难。蔡元定每到朱熹处，朱熹必留他数日，经常论学通宵达旦。据说，后来朱熹的许多学识文章、理学专著等都是在二人的学术探讨中完成的，尤其在朱熹晚年得病的日子里，蔡元定还亲自为老师调药、护理、代笔著书；蔡元定也忍饥啖荠，自号为"西山"。宋宝祐三年（1255），理宗皇帝为此敕建"西山精舍"，塑绘蔡元定与朱熹对坐讲道神像，御书"西山"巨字，刻于石崖上。久之，人称蔡元定为"西山先生"。

在福建省乃至全国的蔡氏村落，一般都是蔡氏的总郡望"济阳衍派"或是分别以分郡望"青阳衍派""莆阳衍派""西山衍派""九峰衍派""龙亭衍派"等为家声。然而，在桂峰却是另一番情形。无论是在桂峰的蔡氏宗祠，还是桂峰的民居中，都可以看到类似"兰水家声远，九峰世泽长"的蔡氏双重郡望的衍派。"兰水家声"是莆阳蔡襄后裔的家声，"九峰世泽"是建阳蔡元定之子蔡沈后裔的家声。这就让许多人产生错觉：桂峰到底是蔡襄的后裔还是蔡元定的后裔？蔡襄和蔡元定又是什么关系呢？这在全国蔡氏家族中是很少见到的双重家声，给众多的文人墨客留下了种种疑云。其实，桂峰蔡氏将这两个衍派并列，不是血缘关系的并列，而是描绘桂峰文化的两个流派，是福建蔡氏家族两个重要的理学文化流派在这里交汇，共同哺育了桂峰文化，形成了桂峰理学文化的独特性。

↓ 蔡氏祖庙正厅

蔡氏古今理学名流

《桂峰祖训》曰："励志攻书，清慎且勤。"把"勤耕苦读，清正处世"作为重要内容。用《晋书》之典对子孙提出了读书和为官的要求，要发奋读书，若做了官，必须做到清廉、慎独、勤勉。

《桂峰蔡氏乡约·国课早完》这样叙述："朱文公：'国课早完，即囊橐无余，自得至乐。'今以文公所谓乐者思之：尽急公之分，一乐也；免官长之摧（当为'催'之误。编者注），二乐也；安畎亩之情，三乐也。"讲述了做人、做事、耕读传家的道理。

据记载，明清两代桂峰有进士3名、贡生76名、举人12名、秀才412名。这些历史文化名人，为当地留下了丰厚的文化积淀，也传下了崇文尚学的精神财富。

康熙学子蔡茂相

蔡茂相，名云鹄，号羽皇，明天启六年（1626）九月生于洋中镇溁口村芝田自然村。茂相幼年聪慧，万历甲子廷试第十，授惠州训导。父时馨，家道殷实。茂相秉父训，崇文尚学，励志进取。少年时，深得父母教导，家学塾习，博览群书。母黄氏堪比孟母，教子有方，母爱胜师，谆谆辅导，为子四处借书，助子长进。蔡茂相从小勤奋好学，不但学文，而且习武，文武兼备，深谙拳术套路，刀枪剑戟使得出神入化。及长，又随父汀州任上，苦读"四书""五经"等朝廷取士必试书目，每日闻鸡起舞，练拳习剑。清顺治壬辰年（1652）茂相公获邑庠，时年27岁；康熙丙午年（1666），时年41岁，中试举人第九名；次年丁未年（1667）联捷进士，授陕西省岷州卫、参戎兵民统属——依府县而行；又授怀远将军。蔡茂相卒于康熙二十五年（1686）三月，寿61岁，终于宦署。

父子翰林

蔡以成，字乔木，号韶九，清乾隆壬午廿七年（1762）八月十六日寅时生于尤溪县十六都桂峰村。父蔡逢春，敕赠文林郎。祖父蔡日辉恩赐粟帛，例赠征仕郎，乡饮耆宾。蔡以成入仕后定居福州，清嘉庆己卯廿四年（1819）十二月初五日辰时卒于榕城，享年58岁。

以成勤奋好学，励志功名，清嘉庆元年（1796）丙辰科县试，他被取入侯官，庠生，时年34岁，次年补增广生。戊午年（1798）乡试中试第九十名举人；三年后的壬戌科会试中试第一百三十名进士，殿试二甲第六十名，钦点翰林院庶吉士乙散馆，改授四川冕甯县知县。历署铜梁县知县、会理州知州、杂谷理番直隶州知州。丁卯科四川同考试官，诰授奉政大夫。

蔡征藩，蔡以成四子，字价斯，号薇堂，生于清嘉庆戊辰十三年（1808）九月廿四日辰时。幼年虽承堂叔以忠嗣，仍不减崇文尚学、诗礼传家之书香文风。在书山学海里遨游的蔡征藩，凭借自己的聪明才智，24岁时由台湾县学附生应道光壬辰年（1832）恩科福建省乡试中试第三十五名举人，榜名国瑛。辛丑年（1841）恩科会试复名征藩，中试第一百一十七名进士，复试一等第五名，殿试二甲第五十七名，钦点翰林院庶吉士，甲辰年（1844）散馆

↑ 蔡氏宗祠"父子翰林"牌匾

一等第一十六名，授职编修。丁未年（1847）大考中二等第三十五名，己酉年（1849）科任顺天乡乡试同考试官，国史馆协修。由于为官清廉、政绩颇丰，咸丰元年（1851）保送御史，奉旨记名；咸丰三年（1853）四月补江西道监察御史，十月兼署陕西道监察御史，稽查中城，十一月转掌四川道监察御史，巡视南城；咸丰四年（1854）三月为引见，补吏部给事中，四月奉旨补授广东高廉兵备道；咸丰五年正月奉委赴香港、澳门查办事件，事竣赴任；同年八月，广西佃匪滋事，奉檄调集兵勇，驰赴灵山督办军务，收复乡村二百余处，户口十余万人，十二月凯撤回署。咸丰六年（1856）九月奉委督剿匪，十月收复黄河以南百余村，十一月收兵回郡，因劳得疾，请呈准开缺回籍调治。咸丰八年（1858），闻羊城夷务，请咨北上，蒙钦使奏调随营差委，四月抵粤，奉派总办惠州军需局，并蒙行知前年剿办广西匪案内，奉旨赏戴花翎，十二月权粮储道。咸丰九年（1859）七月，补雷琼道，诰授中宪大夫。咸丰庚申十年（1860）九月十五日午时，因故疾复发，殁于琼州任上，时年53岁。

以成、征藩父子系桂峰蔡氏仁房子显公第廿四世和第廿五世裔孙。父子前后相隔四十年，分登第一百三十名进士和第一百一十七名进士，在同一座金銮殿（太和殿）上，受到嘉庆、道光前后两个皇帝的赐封，均被钦点为翰林院庶吉士，成为蔡氏后来学子勤奋进取的楷模。

兄弟举人

桂峰有一秀士姓蔡名清信，例授诰赠文林郎。娶妻湖峰黄氏荣使，诰赠孺人。这黄氏已生二男一女，长子钟铭，字经纶；次子轩渠，字经苞；小女闰纬新使。兄妹三人都在私塾就学，清信夫妇欣慰有加。

清嘉庆五年（1800），蔡家又传喜事，年近不惑之年的黄氏又怀六甲，十月临盆，又添鳞儿。三公子出世，阖家欢喜，取名鸣凤，字经腾。小鸣凤活泼可爱，一家人爱如珍宝，尤其他祖父笃调对小鸣凤更是疼爱有加，就是出门做客也要把小鸣凤带在身边。这孩子聪明伶俐，两岁会读《三字经》，三岁能背《千字文》，唐诗也是吟得朗朗有声，在乡间被誉为"神童"。

↓ 蔡氏祖庙正堂

　　因父母均为诗礼传家的书香之后，崇文尚学，且言传身教，训子有方，三男一女学业大进，文采斐然。钟铭20岁（1805），嘉庆乙丑科考取进邑庠，26岁辛未科考优补廪，34岁己卯乡试中试第十四名举人，乡进士，例授文林郎，拣选知县，掌教开山书院兼修县志。轩渠33岁（1821）道光辛巳元年岁试，取进邑庠。小弟鸣凤，虽与兄姐们相差了十多岁，但他聪颖好学，励志功名，更是少年得志，17岁（1816）取入府庠，19岁补廪，28岁道光戊子科中试第廿八名举人，兄弟礼部会试，三次拣选知县正堂，掌教开山书院，兼修县志。从此留下了"兄弟举人"的美名，成为蔡氏后人进取励志、勤奋好学的美谈。

↓ 蔡氏宗祠正厅

理学文化与家教

居家文化

"文化"两个字连用，开始是"以文教化"的意思，即以特定社会的伦理道德来教化世人。随着社会的发展，文化的含义也有了一定的变化。桂峰蔡氏既有族人公立和豪宅大户的各种书斋书楼，长期实施系统的文化知识教育，更有日常居家文化传家的优良传统，重日积月累，重品格养成。"励志攻书，清慎且勤。"（《桂峰祖训》）把"勤耕苦读，清正处世"作为传家的重要内容。

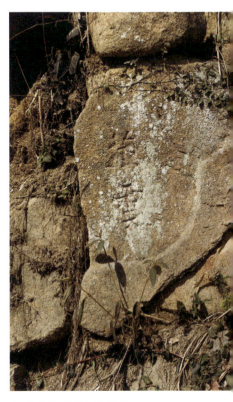

↑ 后门山"蒸云"崖刻

创造居家文化环境　居家文化环境能够潜移默化地影响子孙的品格养成。蔡氏宗祠的门联"绳其祖武唯耕读；贻厥孙谋在俭勤""兰水家声远；西山世泽长""最喜渊源蔡元定；尚期家世继君谟"等，既是对子孙后代语重心长的训诫，也是蔡氏望族渊源文化的大力张扬，让子孙后代耳濡目染，使自己成为能耕能文的传承者。尤其是茶楼"探九龙宫观白玉；上一层峰拱天鸡"的楹联，激发后人树立远大志向，"独上西楼，望尽天涯路"。桂峰的大厝和书楼同构，在学子弟直接受先生的训诲，"得一善，则拳拳服膺而弗失之矣"（《礼记·中庸》），"君子之道，辟如行远必自迩，辟如登高必自卑"（《礼记·中

↑ 玉泉书斋

↑ 楼坪厅蔡龙豪故居

庸》）；未入学的也能受到间接的感染和熏陶，教之"不义之财勿取，合理之事则从""诗书不可不学，礼义不可不知""玉不琢，不成器；人不学，不知义"的道理。

蔡氏家族的礼节交往 "最喜渊源崇元定；尚期家世继君谟"这副楹联，反映了两个渊源：上联反映的是当地的文化渊源，来自蔡元定的理学文化以及后来的"九峰衍派"；下联反映的是族姓来源，表明他们是蔡襄（字君谟）后裔。蔡氏家族一直把朱熹的高徒蔡元定当作自己的祖师，也就把朱子的家训作为桂峰蔡氏家族的训诫："事师长贵乎礼也，交朋友贵乎信也；见老者敬之，见幼者爱之。有德者年虽下于我，我必尊之；不肖者年虽高于我，我必远之。"（《朱子家训》）倡导尊老爱幼，重德惜才，后代好学敬长蔚成风气。在乡里乡亲的交往中，人们以礼相待，乐于相帮，每逢喜事，遍请亲邻。请翁亲要派专人送大帖（32开红纸12页相连），随带两斤冰糖；村中邻人要招呼两次，办喜事的前一天预请一次，第二天早上再请一次。被请的村人根据自己和办喜事的主人的亲疏关系送贺礼。若是丧事，重要亲戚也要派专人前往告知。若女主人去世，子孙要到大门外跪地叩头，迎接其娘家来人。和尤溪绝大多数乡村一样，喜事不请不送，丧事不送不请，就是说，办喜事主人要先请客，客人赴宴再送礼；若是丧事，亲邻要主动送礼帮忙，主人才会宴请。

爱孩子重在寄予厚望 桂峰人对子女重养成教育，言教与身教两者兼顾，说教与示范都形象生动。譬如，教孩子循序渐进时说："先走稳了再学飞"；劝止孩子抽烟时说："黄鳝怎能学吃草"；教孩子不要讥笑口吃的人时说："模仿口吃自己就口吃"；除夕夜递一个小红包时说："买田盖房"，等等。孩子就在这样的乡村文化环境里渐渐成长。

桂峰蔡氏敬畏神灵，敬畏自然 敬畏天神（灵）、地神（神）、人神（鬼），敬畏天公，每年逢正月初九祭天，供牲礼瓜果，这天不晒任何东西；每年逢正月初十祭土地神，这天不用任何工具掘土；每年春节、中元节（七月半）祭祖；每年农历八月初一到十五扫墓。每年农历正月初举办迎神赛会，迎龙灯，祈祷新的一

↓ 上房厝山门蔡以成题字

↑ 后门山华表题字

年风调雨顺，吉祥如意。桂峰蔡氏族人还有许多除妖消灾的习俗，常见的如：遇到不吉利的小事，向村邻各家要一把米，煮一锅百家饭，围在屋檐下吃一餐；五月端阳节在家门挂菖蒲艾草，祛病消灾；小孩夜里哭闹，给家神烧点纸钱，或在屋外撒点纸钱，有的请道士念平安经，过火关，或者烧一炷香、一叠纸请树神保护；小孩生辰八字若与父母不合，有的家庭会养"天公猪"（颈上涂红，每月朔望早餐盛第一碗饭给它，敬之如神），甚至把孩子寄养在别人家里，待到转运以后再带回自家。

敬老爱幼　这是桂峰蔡氏居家文化的重要传统。"仁者人也，亲亲为大。义者宜也，尊贤为大。"仁就是爱人，尊重父母最重要；做事应该做得适宜，尊重贤人最重要。在居家日常，桂峰蔡氏尊重父母师长。每天早上起床，儿子和媳妇要比长辈起得早，向长辈问安，端洗脸水，冬天给长辈送火笼；晚上待父母睡下自己才去睡。逢年过节，敬酒从祖父母、父母开始，鸡鸭鱼肉首先分给长辈。长辈生日要杀鸡宰鹅做米粿，逢十诞辰要置酒设宴遍请亲朋好友，给长辈置办全套新衣裤和鞋帽。家事不论大小都请示父母后再做决定。

生活与创造相互依存　生活需要创造，创造促进生活发展。桂峰蔡氏族人十分重视创造新生活，在平平常常、琐琐碎碎的日子里，没有忘记改善生活的不足，没有忘记增添生活的味道。从平房到楼房，从单层到多层的飞檐翘角，再加上狮、马、麒麟及花草、飞禽等装饰；相邻房屋从留缝到防火墙，门外从土场到花圃、泮月池等，住房和居住环境都向着安全、舒适、美观的方向发展。

村中妇女极少受正规教育，但她们同样不甘心于平庸，不甘心于停滞不前，纱线的纺织、衣服的剪裁，都力求用最少的原料做出最美观的服饰。旧时女子裹脚，使脚面隆起高高的骨头，那是封建社会压迫下的病态，可是，她们不甘心示丑于人前，在尖鞋两侧绣花鸟，鞋面另做两片绣花布片遮饰隆起的脚骨。这是旧时女性对美的追求，也是对封建社会的无声反抗。在家庭菜蔬加工存储上，桂峰女子更有许多独特的方法：普普通通的萝卜，可以加工成丝、片、条、块等各种形状，伴以酸、甜、辣、咸等各种味道，一种萝卜经过加工可以摆满一桌；芥菜曾是桂峰蔡氏族人的当家菜，晒干抹上酒糟，制成的糟菜可以存储两三年不坏，煮成咸菜更可以留存多年，色香味都不变；竹笋，带汁煮咸、晒干，或居家佐餐，或宴客送礼，都不失为佳品；大豆、生姜、刀豆等，不论生加工，还是制成干货，都可以做成多种的美味小吃。

长期从事农田的体力劳动，日晒雨淋，霜雪侵蚀，免不了会染病。在缺医少药的年代，桂峰蔡氏族人就地取材：伤脾厌食，精神不振，挖点山白芷、盐肤木、山苍子、地稔、杜仲、粗叶榕、细纹勾儿茶等，取每种50克洗净熬汤，加上兔肉炖食，几天后精神焕发，食欲大增；发烧少尿，房前屋后拔三五棵车前草洗净煮汤即可；长时间咳嗽不止，拔一些水蜈蚣洗净煮汤，喝两次就可止咳；患上急性肝炎，挖几块绿竹头，每天煮汤当茶水饮服，一个星期缓解，半个月治愈；感冒发烧，采点紫苏、葱头、豇豆干，切几片生姜，煮一碗粉干趁热吃下，睡一觉就好。这些平平常常的食材与草药，创造了许多治病祛痛的民间医疗的灿烂文化。

景观文化

桂峰，有着悠久历史和优美景物，这自然成了明清以来过访桂峰的文人和当地诗人吟咏的题材。《桂峰蔡氏族谱》《桂峰存古诗集》《桂峰古诗集》中就有不少这类诗词。桂峰村及其周围的景点很多，收录《尤溪县志》的就有"桂峰八景"，即"金鸡曜日""石笋擎天""三峡虎啸""双漈龙吟""印桥皓月""酒座清风""玉泉涌蜜""丹桂飘香"，除此之外，还有"玉笏朝天"等景观。大学士蔡新《桂峰八景总咏》是这样描述"桂峰八景"的：

桂峰名胜良难数，去天不远才尺五。

金鸡璀璨映朝曦，石笋峥嵘为砥柱。

云龙风虎各效灵，骧吼声雄畴足伍。

最爱泉流酒国春，故人清风堪相与。

丹桂当秋拂袖香，环桥月色光如许。

予游斯地长深忆，八景天然亘万古。

金鸡曜日 "金鸡曜日"位于村北的山巅，海拔750米，整个山形像一只引颈长鸣的巨大雄鸡，峰顶有一块丈余高的巨石似鸡冠，鸡首朝东，鸡尾向村，左侧斜坡如翅足相连，昔人在鸡首处垒石为寨，名为"金鸡寨"，现已坍塌。《尤溪县志》记载，"山有石盘，盘内一石，状似翰音，翅足俱备，长仞余，日出时，羽仪尤璨。"清翰林蔡以成有诗曰：

疑向空中报晓筹，花冠欲带彩霞流。

从今好作高岗凤，一唱蜚声遍九州。

石笋擎天 "石笋擎天"位于村西南一里处，此处有巨石耸立，高约两丈，形似巨笋擎天。在石笋近处，有三块大石头上下相叠，与石笋合为一体观看，恰似旧时供桌上的金粿叠盘（加碱呈金黄色的米粿）。巨石已于20世纪70年代基建时损毁。清翰林蔡以成有诗曰：

参天森立影离离，濯雨捎云翠色奇。

莫道此君心是石，龙孙终见化龙时。

三峡虎啸　"三峡虎啸"位于村东一里处。三峡即鼓楼峡、三石峡和石门槛峡的合称。鼓楼峡的右侧有亭，亭前有两百多年的老枫树，枫树高六丈有余，树围一丈七八（约合五米），树旁几株紫荆常年开花不谢。峡上风势大，周围空旷，老枫树更助风势，声如虎啸熊鸣。三道雄关大峡为峰峦地势，阻隔南北，一日之间暖寒气候不同，时而云雾茫茫，时而晴日当空，或微雨随风，或皓月穿云。清岁贡蔡占霖有诗曰：

风虎由来气类通，风声宛似虎声雄。

扶摇万里从兹悟，只在灵虚变化中。

双漈龙吟　"双漈龙吟"位于距村两公里的大峡谷景区，龙亭潭下游。桂峰水尾溪与坑尾碓溪汇流于龙亭潭下，下游属于大峡谷地带，流量丰沛，此处瀑布垂直落差六十多米，分两级瀑布组成，漈下有深水龙潭，潭下又有一瀑，落差十多米，形成了自然瀑布群，有"单漈飞瀑""珠帘飞瀑""双漈响瀑"等称谓。特别是春夏丰水期间，左右双瀑如龙下山，飞珠溅玉，响声如雷，烟雾弥漫整个山谷。在艳阳高照下，瀑布上方可见绚丽的彩虹。贡生蔡仰章有诗云：

岩悬双漈水奔流，剑气横空逼斗牛。

料得延津初化后，一声吟彻海门秋。

印桥皓月　石印桥位于桂峰村的中心，岭头溪与李厝龙浦坑

↑ 印桥皓月

↑ 金紫薇

的汇流处，小溪上建一座石板桥连接南北两岸。现存石印桥为明万历三十二年（1604）所建，桥长七米、宽四米，桥面为三大块长石板条，两边设置石护栏。桥下南端有一巨石如印，明月映照之时，石上篆书纹路宛然可辨；清水沉月，印系虹桥，故名印桥皓月。南北桥头各立一块石碑，南碑书"石印桥"，北碑书"桂岭坊"，镌有桥志和捐资者姓名。桥的上游两端各植一棵紫荆花树，寓意两岸子孙世代亲如兄弟，下游桥头两岸各植桂花树，树的根部砌圆、半圆、长方、正方形护池，寓意"日""月""书""印"，子孙世代兴旺发达。石印桥是桂峰的休闲聚集之地，是桂峰的经济文化活动中心。历代题诗吟咏者不绝，清代举人蔡鸣凤有诗云：

雁齿双痕似卧波，圆灵镜下影如何？

分明一月千潭境，人迹何年印得多。

酒座清风　"酒座清风"位于村东三里处。此处山头平坦空旷，绿草成茵，野花常开，蝶舞蜂喧，可前瞻三峡亭，后顾石门槛峡。有一泓水潭居山巅而常年不干，于潭旁左可俯视连绵群山，云蒸霞蔚；右则邻田垄稻菽，蛙声不断。山坡坦处，有石如桌，饮酒于此，清风满怀，故名。清拔贡蔡梦笔有诗云：

月石

印石

日石

书石

一席当头坐正东，青山道上酒家通。

未逢陶谢先开瓮，饮德权酬君子风。

玉泉涌蜜 "玉泉涌蜜"位于村北部西坑峡的北坡下，距三峡亭仅百米之远。在大路的东面，有水自石罅出，积潭清澈，水清如玉、甜如蜜，据检测，泉水富含微量元素。村人说，用这泉水制作豆腐，豆腐质感润滑；用这泉水酿酒，酒水格外清纯透亮。泉水流量不大，至今仍然自由流淌。蔡以成有诗赞曰：

石罅涓涓涌细流，甜于崖蜜碧于油。

欲知出醴源何处，请向南溪活水求。

丹桂飘香 在桂峰通往洋中的官道上有一段石砌岭，又称"龙亭岭"，岭长四百多级石阶。昔时岭上砌石完工，于路旁植桂树几十株。每逢三秋季节，桂花飘香四野，路过的人多在树下驻足，学子不仅有"折桂"之思，女子更有采花之欲，故名"丹桂飘香"。有诗赞道：

↓ 玉泉涌蜜

分来灵鹫九秋芳，散植丹崖月地凉。

休诧蟾宫高莫折，桂花原是岭头香。

玉笏朝天　"玉笏朝天"在距村三里之处，前接北斗坑大仑，后邻龙门山大仑，"玉笏"就挺立在两仑峡中的山坳里，石高一丈有余，表面光滑如镜，大石有一缝隙可容成人通过。缝外群石更奇，如卧如踞，如吼如啼，可谓奇石耸立，群聚如林。一条山涧从石林中穿过，溪涧左边的石群形如五指抱笏，面对天堂山和金鼓墩，犹如大臣手执笏板朝谒天子；溪涧右边耸立的石头状如大臣退朝而归，将玉笏插回石床。

↑ 丹桂飘香

↓ 蔡氏祖庙之丹凤衔书

中国民间
文化遗产
抢救工程
THE PROJECT TO CHINESE
FOLK CULTURAL HERITAGES

　　在八百年的繁衍发展过程中，桂峰蔡氏在各个方面都形成
了具有鲜明地域特点的风俗和文化习惯。这些文化习俗不仅具
体地表现为当地民众生产劳动的全过程，而且还渗透到日常的
衣食住行、年节习俗、生养病老等礼仪、宗教信仰及民间文艺
活动。

↓ 2017 年桂峰晒秋

第四章

民俗信仰

淳朴敦厚的民俗风情

迎龙灯

"凤舞龙翔新气象，欢声笑语闹桂峰。"迎龙灯，是桂峰的一项特殊的民俗活动，从清康熙年间起，到现在已有三百多年的历史，桂峰以手提式舞龙灯著称。每年正月初五这天，每家都会用一条板凳做一个灯，外面用纸糊着，像灯笼似的，上面写着人们对于来年的希望；等到天快黑的时候，每家再把这些板凳全部抬到一个固定的地点，等龙灯"头"和"尾"来的时候，每家的板凳就会全部连接起来，组成一条飞舞的长"龙"。由于桂峰地形复杂，房屋密度较高，再加上村中小道崎岖，当"龙"舞起来，人们时而看到龙头，时而只见龙身，时而可见龙尾，整条龙似在云里雾中穿行，在海浪中翻腾，甚是精彩。孩子们拿着花灯排在龙头前或穿插在舞龙灯队伍中随行。花灯款式多样，有祈福的告牌灯、莲花灯、蝴蝶灯、六角宫灯、五星灯、方形灯、圆球灯、六角灯、粽子灯等。

邻近各村的男女老少都来观赏龙灯，龙灯所到之处，各家各户设供品、摆香案相迎，鞭炮声此起彼伏，大街小巷热闹异常。

端午节

农历五月初五为端午节，俗称五月节。这一天，桂峰蔡氏习惯以金银花、铁线藤等草药煎汤，为小儿洗浴，并煮红蛋避邪。

端午节的午餐十分丰盛：粽子、白粿、切面为应节主食，副食有鸡、鸭、肉，以及菖头、豇豆、茄子、空心菜等凉拌下酒小菜，若条件允许，还会备上杨梅、桃子、李子、梅子等果品。在桂峰还有端午节吃田螺明目的习俗。

中元节

俗称"七月半"，即农历七月十五日，又称为"鬼节"。原为宗教节日，后来演变成为民间祭祖日，家家追祭祖先亡灵。

每年农历七月半，是桂峰蔡氏族人一年一度祭祖、供奉先人的日子，桂峰每三年要举行一次大型的祭祖活动。从农历七月初一开始，当地的蔡氏族人

↑ 中元节祭祖

就陆续开始祭祀活动，一直持续到农历七月十四。而到农历七月十五一大早，蔡氏族人便聚集在蔡氏宗祠举行祭祖活动：主祭人遵循先辈祭祖活动仪式，抬着生猪生羊，从宗祠出来绕着村头进入祖庙，经过行神通礼、行上香礼、行献礼、行左昭右穆礼、行官礼等祭祖大典相关议程后，由族中上辈老人敬致祝文，祈求祖先庇佑神州大地风调雨顺，民众安居乐业。

备祭祖供品时，杀鸭、米粿、炊碱籼米粿或九层粿。七月节的应节食品是碱籼米粿（俗称"金粿"，加碱呈金黄色而得名）和煴（焙）鸭。

2018 年桂峰蔡氏祭祖大典

2018 年桂峰蔡氏祭祖大典

2018 年桂峰蔡氏祭祖大典

2018 年桂峰蔡氏祭祖大典

2018 年桂峰蔡氏祭祖大典

2018 年桂峰蔡氏祭祖大典

中秋节

农历八月十五中秋节，亦称"仲秋节""团圆节"，是我国
民间四大传统节日（春节、清明节、端午节、中秋节）之一，始于
周代，盛行于唐代。每逢中秋节，吃月饼、赏月已成传统习俗。这
天晚上，全家人一边赏月，一边品尝月饼。如亲人在异地以望月表
达思念之情，"但愿人长久，千里共婵娟"，苏东坡的这一名句表
达了人们此刻的心情。正因为这样，人们又把中秋节称作"团圆
节"。节前，已出嫁的女儿要给娘家人送月饼，亲朋好友间也互送
月饼，也有给师长送月饼的。

从八月初一至十五日（避开寅日），桂峰还有扫墓的习俗，说
是"墓门大开的日子"，初一开墓门，十五关墓门。所谓扫墓，即

↓ 晒秋

为墓地劈杂除草，疏通排水路，压放墓头纸，烧金银纸，放鞭炮。祭墓时，牲醴只能用鸭，不能用鸡。望族的，各家每年轮流为头，办理祭扫墓事宜，当晚还要筹划族人聚餐，谓"吃祭墓酒"。

在桂峰，中秋节还有抱南瓜的习俗，方言表达为"抱金瓜"，"金瓜"谐音"金娃"，南瓜生长从青到黄，瓜熟蒂落，象征十月怀胎。中秋节的夜晚，对青年们来说，更是一个和朋友们一起玩闹的节日，夜幕降临，青年们会组织"抱金瓜"活动。

滚饭碗

"滚饭碗"习俗由来已久，从明朝中叶一直流传至今。

桂峰地处高山，农田大多分布在山腰和山脚处，耕作时都得把午饭带上。秋收时帮工甚多，东家必须把午饭送到田头或田里派人来挑。据说，有一东家因点错了帮工人数，把午饭送少了，帮工们气愤地给饭碗等餐具滚上泥巴，用田泥捏成泥人，置于挑饭的箩筐中，收工时挑回东家，并把小泥人摆放在大厅上，要东家给晚餐添酒加菜，东家带有歉意地答应了帮工的要求，杀鸡宰鸭，备酒添菜厚待了一伙帮工，众帮工见晚餐有酒有肉，自然吃得尽欢而散，还说了很多好话。不想如此恶作剧日后却结善果，结婚多年未曾生育的东家嫂，次年生了一个胖娃娃，宝宝可爱得酷像头年秋收"滚饭碗"时摆在大厅上的小泥人，甭说东家夫妇有多开心。乡邻一致认为，给东家送泥人是为东家添丁的好兆头。后来，凡遇有不孕不育和新婚未育的主人也仿效"滚饭碗"的做法，让帮工滚饭碗送泥人，结果十有八九都见成效，形成习俗，并在以后漫长的成俗岁月中，从程式上不断完善，将"滚饭碗"发展为一种趣味性的田间娱乐形式。

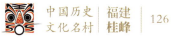
"滚饭碗"要选择对象，不是什么主儿都去寻他的"麻烦"，要选择家里有刚过门的新媳妇，且未生育者；经济条件许可者；为人正派随和，邻里关系较好或有身份的东家。

在选择了对象之后，双方都各有所备。东家会先掂量着今年是否会被"滚饭碗"，若自认为条件符合，便预先备些酒菜，以免措手不及。在装饭箩时应备足饭菜，一般情况下一个帮工装两斤半米饭，东家嫂趁挑饭人不备，私下里会多装几大瓢；东家还会做些小手脚，多装上几碗带浓咸味的菜品，如咸带鱼、咸虾酱、咸虾糟等。"滚饭碗"时帮工必须把所有饭菜全部吃光，有的帮工早餐只吃个七八分饱；挑饭时要调派精细的帮工人选，以防东家做小动作；余下的功夫就靠临场发挥了，帮工们在吃饱后再分摊一两碗米饭并非易事，有的撑得弯不下腰去，肚皮胀得转身都不灵便……收工时，还要叫挑饭箩的进东家大门时说上几句喝彩的好话，以示吉利。晚餐会有好酒好菜的吃喝，能给东家带来好运，帮工撑肚皮，东家小破费，大家聚一聚，乐一乐，皆大欢喜。

农夫春耕夏起，秋收冬存，为生活而辛勤，为果腹而奔忙，劳作单调枯燥。在乏味的劳动中寻找乐趣，是村民忙里偷闲、苦中作乐的一种心理追求，可以起到调节精神、改善生存状态和增进里人团结的积极作用。这种习俗看似粗俗，却系着民意，牵着乡情，渗透着一种远古的文明。

婚嫁

农耕时代的百姓以婚嫁为头等大事。中国古代有"六礼"之说，现今部分地区也有这个习俗，六礼即纳彩、问名、纳吉、纳征、请期、亲迎。实际上，各地民间约定俗成的婚嫁习俗并不完全为六礼所限，桂峰的婚仪文化就别具一格。

旧时男女婚姻多由父母包办，媒人说合，谓之"父母之命，媒妁之言"。双方父母认为"门当户对，八字相合"后相亲，征得双方同意，女方便开"议单""庆帖"，托媒人送到男方，并择吉日纳聘订婚。订婚后，男方按女方的"议单"备彩礼、聘金，由媒人送往女方，称"回三代"。由男方择吉日选定纳彩、合欢帐被、开剪嫁衣，女方采办嫁妆、礼饼喜糖、备办酒席，开具"迎娶吉课"、送请柬等嫁前事宜。

桂峰蔡氏嫁女礼节也很讲究。有的女方爱讲排场，认为这是"面子"，今天向男方说差这个，明天要补那个，往往是"女方努努嘴，媒人跑断腿"。女方要在男方婚期的前一天办于归酒（俗称"吃猪脚肉"，意为新娘出嫁的酒宴），出席酒宴的有女方邀请的亲朋好友，亲舅舅、舅妈为首席大位。第二天上午，新嫁女要按照当地流行的别亲顺口溜"哭嫁"。旧时嫁女年龄小，又从未出过远门，一时告别亲人自然极为感伤。中华人民共和国成立以后，嫁女按法定年龄，哭嫁大多只是一种仪式罢了。嫁女要按吉利时辰出家门和到婆家门。嫁女的前一天，旧时男方需安排花轿到女方家迎亲。出嫁时，出门仪式由新娘舅舅主持，临行前，由舅妈或村中有福者为新娘梳头打理，寓意从此告别少女时代，进入贤妻良母的少妇年华，新娘穿新嫁衣、盖红盖头，向父母跪别出门；嫁女穿着底部贴有红纸的新鞋出门，族中女性长辈拿着装有少量豆子、花生等的筛子在嫁女头顶筛几下，嘴里唱道："上等上，米筛上……"并跟随嫁女走到大门口外，撕下嫁女鞋底的红纸，意为不让嫁女带走娘家的风水（这就是重男轻女时代说女孩"鞋土都没分"的来由）。随后，新娘由娘舅搀扶，众亲友相送至村口，北村口送至对面岭首罗汉树下的石门槛处，西村口送至大湾头，东村口送至后门岭头；由亲弟、妹撕去垫在新娘鞋底的红纸，新娘当众给弟、妹小辈们一一发红包，嘱咐弟、妹们读书上进、孝敬父母之类的好话；仍由娘舅搀扶新娘上花轿，起轿时新娘兄弟拉轿三进三退，谓之"留轿"，接着，大家欢天喜地地鸣炮并抬轿出村而去。女方父母还得备有多则三十六杠（杠，当地方言，指双人抬货物的竹竿或木棍），少则三杠、五杠的嫁妆，阔绰的人家，把女儿的一生所需生活用品、田产地契，置办得应有尽有，从吃喝拉撒的所有用品办到棺材（漆红色，一路竖抬），大户人家还陪嫁有丫头、乳妈。婚后第三天，女儿、女婿回门，女方父母为迎接新女婿，需置办丰盛酒宴，意思是今天以最隆重的仪式宴请女婿为贵宾，此后他将以半个儿子的身份为岳父母分忧担愁，以后就甭想再上席了，鞍前马后地不许有怨言。同时，女婿还要带上自己父母的请柬，邀小舅子上自家做嘉宾，举行同样的仪式。两家从此永结秦晋之好。

桂峰的婚宴在周围五乡八里中算办得隆重的。大户人家的婚礼必请鼓乐队，婚礼前一天就组织乐队吹打，鸣炮开道，抬着花轿，后随大小礼担，带着彩娘傧相（旧时替主人接新娘的人）前往女家。婚礼这天不管女方如何拖延时间，都要在当天赶回男家拜堂，这叫作"有过时，没过日"。花轿到男方家门前先停下，这时，公婆要先回避，以免冲撞"马头"，日后婆媳多口角；由外甥提灯笼，把轿引至厅前，新娘下轿，谓之"添灯"，寓意添丁，然后由"利市人"或"命好人"携新郎、新娘上厅拜堂；接着，由伴娘引新娘进厨房拜灶公、灶婆，再送夫妻入洞房喝合卺酒，堂上鸣炮开宴。酒席按两天进行，当天办的是进门酒，菜肴精致，品种一般在三十道以上，宴席时间长达三小时至五小时不等，席间鼓乐不断。宴席座位也很讲究，论辈分，讲上门亲（指娶进来的媳妇娘家亲戚）、下门亲（指嫁出去的女儿娘家亲戚），谁大谁小依次从大厅首桌开始就位。礼侯先生此时责任重大，排错了辈分惹人耻笑事小，要是宾客生气走人丢了主人的面子，怕不好收场，担不起责任，事就大了。次日办的

↑ 婚礼

酒席，为贺礼酒，分上、下半席进行。上半席后宾客暂时退场，重新整理杯盘后再行入席，下半席细菜精肴上桌，细菜是指名贵菜，如燕窝、鱼翅、海参、鹿筋之类。下半席多是敬酒时段，新郎、新娘逐桌敬毕，新郎父母敬，酒也换成酿了三年至五年的上好老酒，甚至搬出鸡老、状元红等。敬酒时多用螺杯或蟹杯。所谓螺杯乃海螺壳雕成的容器，设三足而立，整杯酒约装六小两，受敬者必须一口喝完杯中酒，否则留了些许酒的杯放在桌上，杯就重心不稳自然倾斜，把剩酒洒了，那么，受敬者就要被罚酒，螺杯在空杯或满杯时都站得稳如泰山。蟹杯为锡制的容器，形状并不像蟹，杯高约十厘米，前后为槽形口，左右两旁有牙柱，亦三足立地，可盛六小两至半斤酒，受敬者一口气喝干了则罢，否则两边的牙柱卡在嘴上放不下来，如被蟹钳夹住，故称"蟹杯"。除了在婚宴上使用，这两种杯在寿宴上偶尔使用，其他宴席一般不用。

在众多名堂的酒宴中，当数寿宴和谢师宴较为讲排场，菜除了极高档的"猴脑""熊掌"之外应有尽有。据说前人中进士和中举人的谢师宴最为阔绰，全村人熄火大吃三天，办谢师宴的人家不收礼。

入赘·再醮

入赘婚姻，即指男女结婚后，男到女家成亲落户的情形，这种婚姻多是女家无兄弟，为了传宗接代而招女婿上门。旧社会有一种陋习，男到女家成亲落户要随女家的姓氏，有"小子无能更姓改名"等说法，被称为"倒插门"。中华人民共和国成立后，大力提倡男女平等，不再歧视做"倒插门"女婿的人，认为那只是居住地方不同而已。

再醮，即再婚。旧时，妇女夫亡再嫁称"再醮"。离婚后再嫁的妇女叫"生人妇"或"二门亲"。旧时，妇女凡再嫁的一般不举行婚礼，夜间由人陪伴，领到男家，或坐轿子到男家，入房后，吃一碗汤圆或粉干蛋（闽中待客最平常的吃食）后，即成夫妻。

怀孕·月子

新妇生育是家中的一大喜事，全家上下都十分重视。婚后不久，新妇如有头痛、恶心、呕吐、乏力等反应，且喜食酸梅等现象，多半是有喜（怀孕）的好信息，俗称"病囝"。

妇女在怀孕期间有诸多禁忌。忌看戏，怕胎儿花脸；忌坐在桶、瓮、缸上，或塞瓶口，以免胎儿口、鼻、耳、肛门闭塞；忌吃螃蟹，以免胎儿横产；忌看杀禽畜，免使胎儿四肢不全或五官缺陷；禁忌进入他人洞房，以免新婚夫妇不睦。孕妇若患有因胎火过盛带来的发热或不适，常饮些用桑叶或苎麻根熬的汤水，以保胎、降胎火或遵医嘱。

临盆（分娩）时，旧时多请接生婆到家中接生，有过生育经验的婆婆也能亲自为媳妇接生。婴儿降生，即用温湿巾擦身，用甘草红糖水喂婴儿，以便断脐。现在，妇女一般都到医院或乡镇卫生院分娩，以确保母婴安全。

妇女产后身体虚弱，需要吃营养丰富的食品滋补，以使奶水充足，往往要在室内待一个月，俗称"坐月底"（坐月子）。月子坐得好坏关系到产妇往后大半生的健康状况。产妇在产后两个时辰内一定要先吃下一碗由生姜、龙眼、糯米、红糖熬的汤，冲入油茶炒的蛋花，再加一绺线面和一碗红酒，叫"落地梅"，有了这碗"落地梅"垫底，对产妇的元气回升大有益处；产妇头缠纱巾或戴帽，关门闭窗不出房，手脚不准下水，即便盥洗擦刷，也须把开水晾温，在温水里撒些生姜、红酒方可使用。分娩的第二天，夫婿须携鸡、酒等礼品到岳母家报喜，俗称"掼鸡酒"，岳母回赠衣服、襁褓、围裙、尿布、鞋帽等婴儿所用之物品。亲戚朋友送蛋赠面前来贺喜，主人以蛋、面、酒、肉酬之，俗称"蛋花酒"。三天后，首次请接生婆给新生儿洗澡，称"洗三旦"；主人办酒宴酬宾，称"做三旦"，如筹办不及的也可做五旦。产妇饮食讲究营养，每天起码三碗尤溪家

↑ 月子鸡

酿红酒、一只鸡、三顿点心，以红酒、鸡汤作为产妇的主要食材。因此，在桂峰坐过月子的妇人虽谈不上"海量"，三两斤红酒，等闲视之，一两碗权当渴饮。

产妇在坐月子期间一般不出卧房，在这期间，除非至亲女眷，一般人是不能进入产妇卧房的。

满月·做晬

月子坐满一个月称"满月"，婴儿可以抱到室外见天。婴儿满月的一场"满月酒"必不可缺，亲戚友人送礼称"弥月之敬"。满月之前，产妇父母要给小婴儿送衣服、帽子、肚兜、兜衣、手镯、脚锁，俗称"送庚"。满月当天要给婴儿洗热水澡、理胎发，亲戚朋友、乡邻姆婶纷纷来贺，抱着赞赏新生儿，主人则设宴款待。

待到小儿周岁生日，必办"晬酒"酬宾，亦称"望周"，俗称"做晬"，众亲友纷纷备礼来贺，主人设盛宴款待；还为小儿举行"抓周"仪式，即在正堂大厅桌上置有书、笔、印、刀剑、银子、尺子、厘戥、算盘等各行业代表性用品，让小儿在众多物品中选择喜爱的物件，农家风俗多以"抓周"给小儿测前程：如抓书、笔测意孩子长大会念书；抓印的会当官；抓刀剑的是将帅之才；抓银子的将来会发财；抓算盘的会做生意；抓厘戥的能当医生；等等。

建房·乔迁

建房对桂峰人来说是件大事，和娶亲、生子一起被视为人生三件大事，因此人们对建房非常讲究。过去在建房之前，须先请堪舆先生择地，确定房址、坐向与屋式，然后才择吉日破土动工。

　　破土动工前先由主人在宅址上挖三锄头，再点上一对红蜡烛，燃三炷香插在宅基地旁，后燃放鞭炮，俗称"安土地神"。动工日晚上须设宴招待亲戚好友，谓之"架马树"。

　　上梁时，木匠师傅要为新屋唱颂词、讲好话，主人要办上梁酒，酬谢工匠和帮工的亲友，并接受一些亲友的庆贺。宴席上建房工匠为上宾，主人母族和妻族的血亲长辈稍次。

　　正栋的长联，是母舅或舅表兄弟撰写的。开工、上梁、放水路、开大门，都要选吉日。建房的全过程都要招待好工匠，尤其是开工、砌石、上梁、放水路、开大门时更要办酒席宴请工匠。

　　邻里和睦，族亲团结，有事相帮，有难相助，已成为桂峰数

 建房

百年来的村俗乡风。房子建好后，首要的是砌灶。在桂峰，每闻谁家砌灶，族友邻里们便不请自来地帮忙，各家各户必随手提来一筐优质红黏土、一碗好菜和一壶好酒，叫作"赠土赠金"，有添丁、添财、添福、添寿的寓意在内，图个热闹和吉利。因过去都流行筑三口锅的曲尺形大灶，用土量很大，筑一个灶得用红土三十到四十石。有族人相赠，经族人同心协力，东家只要请一个泥匠师，一个大灶当晚就可进火贺鼎（意为起火做饭）了。若一时请不到泥匠师，就由族里挑人学着做，久之，桂峰村就有了"泥水人人会"的说法。

迁入新居也有一套礼俗，旧例迁居时须据主人的八字，选择吉日良时。乔迁时，凡搬入新宅的主要家具都贴上红纸条，全家人都穿新衣服。从旧宅出门时每人手擎火把，带一件物品，男家长用大杆秤挑着从旧房灶膛取出的炭火，另头是蒸好的饭甑米饭（意为大锅饭）；主妇则带扫把和垃圾斗，出门时在旧宅门口往外扫三下（寓意带上全部家财），进入新宅时，主妇则用扫把往里扫三下（寓意扫财进室），然后点烛、鸣炮，将所有的火把投进新宅灶膛。随即在新灶炒干糯谷和黄豆，爆米花和豆花（寓意开花结果），接着煮鸡和猪肉，祭新灶神。凡与主人同时入宅的客人，须三朝之后才能回家。新灶三朝内忌人取炭火。

入宅后，主人要办宴席。席上座次则以母族和妻族的血亲尊长为上宾，工匠师傅稍次。主人的妻族血亲所送礼物有：一对红灯笼、喜炮、喜烛、餐具、宴具，油、盐、酱、醋、味精五种调料，五种咸菜，一只带窝小鸡的母鸡，一副贴在客厅正栋柱子上的题名长联。现在砖混结构的房子，屋中无木柱，楹联则贴在客厅两侧的墙壁正中。

寿辰

在桂峰，人到了五十岁，才开始做寿。五十岁即为"初寿"，六十岁为花甲大寿，七十岁为古稀之寿，八十岁为杖朝高寿，九十岁称鲐背或耄耋之寿，百岁称期颐之寿。长辈生日前夕，晚辈要置办夜宴请客，俗称"暖寿酒"。生日当天凌晨，晚辈布置客厅，供奉寿星图，贴上寿联、寿幛、寿轴，并陈列寿桃、寿面、糖果、橘子、豚首、牲醴等，供神祭祖。寿者戴寿帽、穿寿衫、披寿挂、着寿靴、佩寿带，吃寿蛋、寿面、寿鸡、寿酒，高坐大厅接受晚辈们拜寿，寿者要给拜寿者发"红包"。

桂峰有"讨寿酒"的习俗，即同辈或晚辈悉知某人今年上寿，或得知寿者不准备筹办寿宴，便到寿者家以放鞭炮的形式，向寿者讨寿酒喝。主人应讨，不得不筹办酒宴酬谢宾客。当然，讨寿酒也需要选择对象：经济条件较宽裕且有一定声望的，对这种带有娱乐性质的讨酒形式接受得了的，且膝下子孙满堂，被认可的有德之家，才可开这种玩笑式的讨寿酒，讨得酒喝，皆大欢喜。

寿辰的请帖称"寿柬"，是专门用于邀请亲友前来参加自己长辈寿诞的请帖。一般的请帖，如结婚帖、乔迁帖、开业帖、满月帖、晬帖等都以长辈的名义发帖邀请，子辈可在请帖上注以"承父母命"出面相请。寿柬却不然，应以晚辈作为邀请人，邀请亲友前来参加自己的严父慈母、祖父祖母、曾祖父曾祖母等长辈的寿辰寿筵，晚辈还得自称"承庆子""重庆子"等。

尊老敬贤之风在桂峰已蔚然成风。元代尤溪本土贤士郭居敬编纂的《二十四孝》，对桂峰的影响堪称根深蒂固，已成书斋塾房、柜收家藏的必备典集，连羊倌牛童都能诵上几篇。曾闻长辈说过，蔡氏先人仿效"黄香扇枕温衾""吴猛恣蚊饱血"的还真确有其人。三餐用饭，长辈没上桌，晚辈不能先动筷，要坐等；一碗好菜，要摆放在长者面前；晚辈要给长辈盛饭等已成习俗。

送终·做七

生老病死，总是那么残酷，也是每个人都无法逃避的。人老将死，亲人应该守候床前，陪伴老人咽气，谓之"送终"，这是子女的应尽孝道，而对亡者来说，有人送终也是一种福分。咽气后，子女应马上给亡者沐浴，俗称"洗三把"。再给亡者换殓衣，亦称"寿衣"（包括寿帽、寿鞋等），而后将尸体移放在备好的木板上，以待入殓。在尸体脚边点一盏灯、一炷香，谓之"照冥路"，择时入殓。未入棺时，亲人要守护尸体，谓之"守灵"，直至入棺，即"小殓"。小殓后，亡者家属须发布"讣告"，贴于村中心石印桥南桥头的石碑上，告知村人，即某人何时亡过、何时入殓、何时出殡等事宜，以便亲友吊唁或送殡。孝男、孝女要反穿外衣或穿麻衣、系孝绳，孝绳有讲究，父逝系左手，母亡系右手，使人一看便知亡考还是丧妣。入棺即为"大殓"，棺内放木炭或草灰等干燥物，以防尸体腐烂后渗漏，有钱人多备用灯芯或棉花。按所择时辰将尸体移入棺内，称"入木"或"落殓"。落殓后，停枢后堂，设灵堂，置香火，早晚供饭、哭丧、烧纸钱。供饭时只需一碗米饭，碗中央插一双筷子，放一碗猪蹄即可。入殓时亲友可前往与遗体告别，称"看殓"。然后，请道士做道场，或请和尚念经，做"超度"，亡者若为女性还要做"破狱"（意为打开地狱之门）等佛事。

出殡时，选在一处广场上，摆上供桌，上置灵位、香炉、祭品等，灵位前摆棺木、香亭（放灵牌遗像）。孝男披麻戴孝，手执孝杖跪于灵前，女眷扶柩啼哭；亲友一律着白色衣服，依长次辈分灵前持香跪祭拜礼；主持人致悼词。祭礼毕，即出棺，孝男紧扶棺木。出殡队伍依次是彩旗、高照（高灯）、火炉鼎、放鞭炮、散纸钱、铜锣、花圈、祭轴、鼓乐队、香亭、灵柩、孝男执伞提香火篮，后面紧随众送殡亲友。众女眷送出村口，即可脱麻（麻布衣）披红（红带子）回府，孝男可送至墓地，脱白（白色孝衣）而回。火炉鼎抬回府还要说上几句吉祥语，以图吉利。回府后，孝男要把香火送到祠堂和祖庙，然后开宴酬谢宾客；席后，孝男要下大礼谢众亲朋。

下葬的第三天，要做"三旦"，即将连日来在灵堂的元宝缸里所焚烧的纸灰（称为"金银库"），连同戴在亲友身上的孝记焚入缸中，送到墓地掩埋，并备上供品和纸钱答谢本方土地的接纳和庇护。同时备晚宴酬谢连日来热情相帮的众亲友。

死者从寿终之日算起，每隔七日祭奠一次，称"做七"。四十九日满七，有的二十一日满七。满七时，请和尚或道士放焰口，有的还在死后满一百天时奠百日；满周年时做周年羹饭，俗称"做忌"。

不变的信仰

在桂峰，人们崇拜萧公，已有五六百年的历史，萧公早已成为当地人的保护神。

集福堂又称新庙，紧邻旧庙福安宫左侧，距石印桥约七十米。原建筑福安宫坐西南朝东北，占地近三百平方米，属抬梁式土木构架二进单层建筑，四周土墙围筑；分前后两厅，中间夹一个不露天的小天井，大厅又分一大两小共三殿，中殿神龛供奉着萧公神像。原建筑于"文革"时期被毁。

1997年由村民集资在村口大湾头重建一座新庙，名集福堂。庙堂共分三殿，左殿供奉大王公，右殿为临水陈夫人宫，正殿上巍然端坐着萧公的雕像。如此专供萧公的庙堂还真是不多见。大凡供祀萧公的庙堂多为张、萧、连三圣君同供一殿，如际口圣泉岩萧公祖殿，闽清金沙张圣君祖殿，古田西溪钱岭佑圣宫连公师父祖殿，德化石牛山紫霄洞、樟湖坂蛇王庙、梅仙下保萧公殿等诸多庙宇，我国台湾以及东南亚等国家和地区的有关萧公神庙皆为张、萧、连三圣君同祀，有的还同供张、萧、连、刘四圣君。唯桂峰独祀萧公，这与民间传说中的萧公曾为桂峰消解瘟疫的说法不无关系。

桂峰族人恩怨分明，有恩必报。古时候，桂峰缺医少药，每逢病痛只有拜佛求神，再服下几剂草药，往往也可见效，病除痛消。民间传说，清朝时，桂峰一度瘟疫横行，幸好请了碁口岩的神明萧公来驱瘟，神水洒处瘟疫即退，草药服后人病即消。自此全村敬神者俱增，每年的六月三十日夜迎萧公寿诞总是千人聚集，集福堂就是村民为崇祀萧公而建的一座神庙。

萧公名朗瑞，号法明，历史上确有其人，但对于他的出生地，说法不一。民间传说，萧氏祖籍仙游东乡，北宋末年因避战乱而迁居尤溪，后定居蕈口，萧法明于宋绍兴十一年（1141）六月三十日生于尤溪蕈口，25岁左右入道，28岁时即宋乾道己丑年（1169）坐化于蕈口圣泉岩的化身台。据闽清、德化、南平等地法师拜请萧公神灵的咒文和闽清金沙堂抄录的《萧公圣君宝诰》记载："二十五岁奉瑜珈，圣者亲入显迹岩（即今尤溪洋中圣泉岩），定光菩萨相遇会，准定吉凶又无差，……忽然一夜功行满，蕈溪地上坐莲花。"萧公于清康熙戊午年（1678）受清廷赐封"清一大师"御笔金匾。数百年来，萧公文化深深地影响着桂峰人的生活和信仰，

↓ 不变的信仰

他虽然声名远播，却偏隅一方，稳坐桂峰村口为村人应诺消灾、纳福、进财、延寿、求学、祛病、赐子、婚配等，保一方平安，享受着人间香火。

另据南平溪源庵版萧公说法，萧氏祖籍河南萧县，在北宋太祖建隆元年（960）萧公祖上在大田肇基立业。大田在唐、宋、元时为尤溪辖地，明时立县。萧公是其祖入闽后的第六代，萧公出生时家道贫苦，3岁丧母，12岁随父迁居顺昌洋口，以撑船放排为生，16岁父病亡故，萧公回大田投靠叔伯，后就浪迹闽北各地，在尤溪暮口村做长工，他白天下地干农活，夜晚上圣泉岩打坐，吃斋念佛，修道悟果，修身养性，后同道友张慈观、连光阳上闾山拜许真君（即许逊，也称许旌阳）为师学道习法。学成后扶危济困，为地方除害降妖，后来到南平溪源庵，坐化于鸡冠岩，人们立庵崇祀。萧公被人们冠以"德云灵应萧公大师""辅天萧圣者""化育真人"的名号，与张公、刘公、连公、邵公并称五大圣君。

萧公一生虽短，但为四方百姓做了许多好事。在桂峰至今还流传着萧公的许多传说，比如，暮口红泥鳅的由来就与萧公有关。

相传萧母张氏，"梦五色霞入怀，感而有孕"。萧公出生时，异香满室，霞彩盈天，黄衣加身，胎发齐眉，他自幼聪慧，热心助人。长大后，在过黄龙山时，一老翁给他吃了一个瓜，顿觉通体清灵，能以心念役风雷，以符咒驱鬼神，能治人间奇病，解世人急难。

还有一种传说，萧公年少时，经常帮助一位瘸腿乞丐，这乞丐其实是闾仙大法院周佐道人装扮。萧公关心老弱，疾恶如仇，好打抱不平，深得周佐喜爱，被收为徒。萧公经周佐暗中点化，便具有法力，开始济世救民，造福人间。

　　早年，他在村里做长工，就常施法术。天旱，他用菅叶从小溪引水而上，滋济了稻禾；水稻要耙草，他本该帮在大人后面贴粪（施肥），却躲在粪厂里睡大觉，快收工才起来，把几担肥粪往水里头一倒就回家了，第二天田里居然每株禾苗根部都有粪。

　　一次，萧公给别人种田，东家知道他不吃荤，故意只做一碗红糟泥鳅汤。萧公无奈，就着茶水吃了几口干饭，然后把一条条煮烂的糟泥鳅丢进田里，奇怪的是，泥鳅都活了。从此，这里的泥鳅就变成红色的。也有人说，萧公把泥鳅整条吞进肚里，吃完后就去田里拉出来，拉出来的泥鳅一下水全部活了……那泥鳅身上有一道白，说是筷子夹过的痕迹。

↓ 供奉萧公的集福堂

民俗信仰的意义

作为农业保护神，萧公不仅保佑着桂峰这一方水土，而且随着福建人大量外迁，萧公信仰也随之传播各地，成为移民的心灵慰藉。据不完全统计，分布在我国闽台及东南亚等国家和地区的主祀或配祀萧公的庙宇、法堂达到二百一十座之多，涉及的地区有福建的延平、顺昌、建瓯、古田、尤溪、永泰、闽清、永春、德化、安溪、漳平、漳州、莆田仙游、福州，以及台湾、香港等地。仅萧公信仰传入台湾就有两条路线：第一条是泉、漳人奉香火入台；第二条是随道教闾山派道师入台。据不完全统计，在台湾的萧公庙就有八十余座。

↓ 民间祭祖活动

近年来，以萧公信仰为主的圣君信仰文化，经过学者们的不断研究和探讨，日益形成一个相对完善和系统的民间信仰文化体系，其影响力遍及福建各地和港、台地区，乃至东南亚一带，也受到海峡两岸宗教界、学术界及旅游界的广泛关注。

民间流传的萧公巧治足疾、点化山虎、降伏蟒精、智收山鬼等故事无不反映着民众追求安康的心理。尽管萧公并不一定能够一一满足人们的愿望，但至少可以或多或少地缓解人们心理的恐惧，并给生活带来希望。人们世代流传着萧公耕作时太阳晒不到、雨水淋不到，以及一夜之间种出茄子获得大丰收的故事，无论播种插秧、犁田种菜，只要乡民有需要，萧公就会挺身而出。由此不难看出，真实的萧公应该是位擅长农事之人，如此一来，萧公无疑成了农耕山区保护神的最理想人选。

在萧公信仰的发展和传播过程中，各个地区、各个时期的人们根据自身的不同要求向其求子、祈雨、祈梦、求功名、求钱财等，赋予其五花八门的职能，同时萧公的身上也被赋予了诸多传奇故事，最终演变为如今信仰地域广泛、信众众多的"辅天法主萧圣真君"，并对广大民众的思想观念及生产、生活产生了极为广泛的影响。

构建平台

台湾萧氏宗亲总会创立于1984年，现有十多个分会。福建全球萧氏宗亲会于2006年5月成立。这些宗亲组织成为萧氏宗亲活动的主要发起与组织者。尤溪县同台湾萧公信仰组织与萧氏宗亲联谊交流，近十年间多次组织梅仙镇萧氏宗亲赴台参加台湾萧氏宗亲总会代表大会、环球恳亲大会和萧氏源流研究会等活动。同时，台湾萧氏宗亲总会每年都组织成员来尤溪谒祖进香以及开展联欢活动，增进了海峡两岸的交流。2013年8月，尤溪召开"首届海峡两岸（福建尤溪）萧公文化研讨会"，传承与弘扬萧公文化。两岸的专家学者分别就萧公文化的传承与弘扬、促进两岸交流等问题进行了深入交流与探讨。2017年6月，"第九届海峡论坛尤溪分会场暨萧公文化交流活动"在尤溪县城、梅仙等地举行，台湾萧氏宗亲总会组团29人观看了"朱子礼乐、儒风雅韵"大型歌舞剧，参与了南溪书院两岸同谒朱熹、梅仙灵源庵萧公文化研讨会等多项活动，通过这些活动丰富了闽台交流的内容和形式，也让台湾同胞有更多的机会参观和了解祖国大陆，联络感情，扩大文化认同，取得了较好的效果。

追根溯源

自古以来，闽台文化渊源相同，民间信仰在两岸关系的发展中扮演着重要角色，并有力地推动着当今海峡两岸关系的发展。在台湾高雄，美浓镇合和里萧公庙有着近三百年的历史。在20世纪末，为了深入福建寻访萧公祖殿，高雄人朱贵华先生单枪匹马到福建，从漳州开始一路寻访，几经波折，终于在南平找到萧公祖殿。此后，朱氏又多次往返南平，为高雄、南平搭建了一座宗教文化交流的桥梁。2009年3月和2010年4月，美浓镇合和里萧公庙两次组织共四十多人的朝圣团专程来溪源萧公祖殿祭拜，与南平市萧公文化研究会的学者、溪源萧公祖殿管理人员进行了交流。如今，台湾同胞仍有组织团队到大陆萧公祖殿进香拜祖，共叙手足情，萧公信仰文化成为连接海峡两岸同胞骨肉亲情的纽带。台胞们溯本寻源，共联寻梓之谊，不仅促进了民族团结，还增强了中华民族的凝聚力。台湾地区前领导人萧万长也十分重视祖籍地的亲情对接，除了多次派代表前往大田拜谒祖先，还多次邀请大陆祖籍地宗长、县政府统战部门领导前往台湾座谈交流，开辟闽台论坛。此外，萧万长还先后为大田林埔大宗祠、南平溪源庵萧公祖殿、尤溪下保萧公殿、尤溪灵源庵亲笔题词，以表达他对大陆宗亲和萧公文化的深切关怀。

海峡两岸的萧氏宗亲联谊会积极弘扬"扶弱济困、尊老敬贤"等萧氏优良家风。每年春节期间开展对90岁以上高寿宗亲和困难宗亲的慰问活动，进一步加大力度扶助困难学子、奖励优秀学子，进一步对积极参加萧氏文化研究、组织建设、联谊活动和热心姓氏文化事业的宗亲进行表彰，以弘扬文化传统。

↓ 2019 年桂峰晒秋

中国民间
文化遗产
抢救工程
**THE PROJECT TO CHINESE
FOLK CULTURAL HERITAGES**

SOS

　　桂峰常年温度适中，气候宜人，非常适合多种植物生长。村中有泉井百余处，泉水纯净甘甜，是酿造黄酒的优质用水。村里盛产桂花，是养蜂酿蜜的最佳所在，桂花还是制作桂花糕点的优良食材；桂峰翠竹满山，种类繁多，这为制作竹类工艺品和加工竹笋类食品提供了大量原材料。桂峰的土特产品丰富，品质优良，很受当地百姓和八方宾客的青睐。

↓ 第三届桂峰晒秋节

风 味 特 产

特产加工和保存

桂峰黄酒

桂峰黄酒的酿造历史悠久，据《蔡氏族谱》记载，早在北宋淳祐七年（1247），蔡氏祖先就已经用传统工艺酿造出了黄酒，并且定下了"传宗不传外"的规矩。酿造黄酒的主要流程如下。

蒸米 每年冬至是酿酒最佳时节，一般提前半个月开始备料，精选桂峰当地出产的高海拔生态糯米，洗净后浸泡四到五个小时，再装入木蒸笼，大火蒸煮，直至蒸熟蒸透。蒸熟的糯米出锅后要摊开晾凉，至微温后再揉散备用。

发酵 先选好桂峰当地生产的优质红曲，将红曲按比例加入桂峰当地负有盛名的"玉泉涌蜜"山泉水，拌曲调制入坛，再将蒸熟晾好的糯米加入坛内，搅拌均匀，两三天后，酒坛里开始冒泡，每天搅匀几次，直至糯米化解沉淀。之后将酒坛封口，放置阴凉处，发酵五至六个月。

榨酒 时间一般选在清明前后，将发酵好的酒坛打开，装入过滤用的布袋，将生酒倒入木制榨酒机的榨槽内，利用杠杆原理将生酒层层压榨过滤，滤去酒糟，取得纯酒。

温酒 将榨取的纯酒倒入酒坛中，将装有纯酒的酒坛置于地上，在酒坛周边铺上稻秆或谷壳慢慢加热，使酒中的杂质冒泡挥发即可。

封坛 趁热将温好的生酒进行封坛。原始的封坛程序是在缸口上先铺一层粽叶，垫一层糙纸，再铺一层粽叶，然后用麻绳扎紧，敷上黄泥黏土，封好后将酒继续加热到95—100℃，便可搬到酒窖里长期储存。

↑ 桂峰黄酒

桂峰《蔡氏族谱》有云"足未临村口，已闻佳酿香"。桂峰的黄酒清醇爽口，味浓香远，色泽橘黄澄亮，春秋天饮之滋阴壮阳，夏天饮之解乏，冬天饮之驱寒通络。若在温酒时加进桂花瓣、枸杞，那更是酒中精品，正如一句民谣所说："未曾开坛已闻香，洗瓮醉倒过路人。"桂峰黄酒一般用锡壶盛装，用水温热后即饮，也可作为调料酒，入菜、炖煮均可。

家鸡炖酒

桂峰黄酒经过五六个月发酵后，即可压榨出生酒，再经过过滤澄清，重新装入清洗并消毒干净的酒甏，这时，将一只杀好并洗净的家鸡（母鸡尤佳），整只放进酒甏，盖上盖，把酒甏置于屋外，在周围堆上谷壳并点燃，让燃烧的谷壳把酒加热至沸；待甏内温度冷到25℃时，便用粽叶、黄土将甏口封紧，储藏于26—30℃的阴凉处，待三至五年后启封食用。

家鸡炖酒风味独特，口感清醇，且营养丰富，有滋补强身的功效。

↑ 桂花酒

桂花酒

　　桂峰盛产桂花，每年金秋时节，丹桂盛开，香气飘散，十里可闻。每当秋风吹过，花瓣飘洒，桂花树下如同铺了一层金黄色的毡毯，美得醉人。清晨，制酒者将干净的新鲜桂花瓣扫起，摊放在簸箕上，置于通风阴凉处风干备用；按每斤干花加三两白糖（用碾碎的冰糖尤好）的比例拌匀，放入小酒甏内让其发酵。两三天后，按每斤干花与十斤红酒的比例，将炖过的黄酒（将黄酒倒入甏里，隔水蒸沸）倒入装有桂花的甏里，放在地窖储藏。如果再加入些许桂圆肉和白参，窖藏三到五年后，更是上好的佳酿。

↓ 蔡岭坊酒窖存酒

桂花酒，色泽淡黄，开坛即溢出一股桂花清香，入口甘甜醇绵，且有健脾胃、助消化、活血益气之功效。

桂花蜜

农历八月，桂花盛开的时候，成群的蜜蜂就在桂花树上飞舞，采集芳香的桂花粉，这时节收割下来的蜂蜜，就是桂峰特产的"桂花蜜"。桂花蜜还可以自己酿造。酿造工序十分简单，即将收集来的干净鲜桂花用水稍微冲洗一下，然后沥干水，放点盐稍加腌制，然后倒进蜂蜜罐里，盖上盖子，存放三五个月，香飘千里的桂花蜜就大功告成了。

桂花蜜是一种非常有营养价值的蜜种，它适合各个年龄段的人食用。桂花蜜的功效也是非常多的，可以润肠通便、润肺止咳、医疮消毒、消炎止痛，促进伤口愈合。

竹笋

桂峰山多竹多，竹多笋多。竹子一身都是宝，可作用材，可作食材。桂峰一年到头都有笋，冬有冬笋，春有春笋，夏有绿笋，夏秋时节还有篙笋、石笋、花笋、苦笋、甜笋等小径竹笋。

毛竹笋 毛竹，是桂峰的主要竹种，其根长出的笋即是毛竹笋。毛竹笋有春笋、冬笋之分。冬笋的产期在每年的11月底至翌年的1月底，盛产期为大雪后至小寒，笋的外观色泽为淡黄色，比春笋小，重一般在一千克左右，也有少数达两三千克以上的，部分笋体呈腰鼓状，也有个头较小、两头尖的像"老鼠形"的，此形状的冬笋品质最佳，冬笋是元旦、春节期间几乎每家必备的主菜品或佐酒佳肴。春笋生产期在立春之后到谷雨前，盛产期在惊蛰至清明期间，其外观为褐色，有花斑纹，粗毛密布，一般在出土15—20厘米时挖取，春笋含水分高，鲜嫩可口、营养丰富，是居家佐餐和宴席的重要美食。

笋干　毛竹笋加工的笋干有乌笋干和白笋干两种。乌笋干为新鲜春笋加工而成，新鲜春笋经煮熟、烤干（或晒干）、脱水等工序，加工成黑色笋干制品，该产品保质期长、耐贮运，其中，经选料加工成的"雀尖""雀尾"两款乌笋干是质量上乘的高档食品，其外形肥短、肩阔口开、尾嫩而尖，笋质幼嫩、香甜，是大中城市饭店较昂贵的菜肴；白笋干也是由鲜春笋加工制成的，是富含蛋白质和维生素A的高纤维食品，不但营养丰富，而且助消化。

腌苦笋　苦笋是小径竹长出的一种笋，含有丰富的纤维素。《本草纲目》载："苦笋味甘寒，主治不睡，去面目及舌上热黄，消渴明目，解酒毒、除热气、益气力、利尿、下气化痰……"清明前后是苦笋的盛产期，当地村民把刚采来的鲜苦笋剥去外壳，置锅中煮熟；待冷却后，用锥子（或钉子、小刀）把笋划成条状，装到竹篓里，放在流动的溪水或井水中浸泡，把大部分苦味漂去；一天左右取出再放到锅里烫沸，捞出，压去水分，层层装入罐中，每放一层，要撒上些许食盐，将罐装满后再在面上多撒些盐，然后将罐口密封，放到阴凉避光处存放，随时可以食用。经过腌制的苦笋可以保鲜一年以上不变质，是农家常年食用的家常菜，也是食、药俱佳的优质特产。

腌糟菜

立冬一过，是桂峰人"冬藏"的大好时节，腌糟菜就是其中一种常见藏品。腌糟菜的主要食材有两种，即芥菜（方言叫"盖菜"）和酒糟。

腌制前，先将芥菜头部用刀剖开几瓣，整棵披挂在竹竿（或小径木材）上，放到太阳下晒到半干；用灶灰抹在芥菜上搓揉至软；而后将灶灰抖干净，抹上与食盐拌好的家酿酒红糟，将团成腰子形的菜团放到腌菜缸里，层层码实，最后一层撒上些许盐巴，将缸口封密，存放于阴凉避光处。

糟菜是农家常备的家常菜，其中"糟菜扣肉""糟菜饭汤""糟菜排骨汤""糟菜笋片汤""糟菜鱼头"等，既是上好的下饭菜，也是宴客的美味菜肴。

紫竹

桂峰有一种小径竹，叫紫竹，也称黑竹，竿小而色纯紫，竿上呈现黑色斑点，高3—5米，直径2—4厘米，竹竿长成后渐变紫黑色，竹直叶茂而富有层次，系珍稀竹种。紫竹大的可制几案、竹柜、竹架及工艺品等，非常美观；竿小的可制箫、笛、烟杆、手杖、胡琴杆等。由于竹材坚韧，紫竹可做钓竿，紫竹还可制盆景或植庭院内供观赏。

香菇

香菇是桂峰历史悠久的传统产品，历来受人喜爱。现代科学证

↑ 桂峰香菇

实，香菇含有人体所需的七种氨基酸，还含有核酸类物质及多种维生素。20世纪60年代之前，桂峰香菇均采用砍伐原木进行栽培的技术，虽质量较好，但产量极低，耗用大量木材原料。20世纪70年代后，开始普及段木栽培技术，香菇产量有所提高，但耗费木材量仍较大；20世纪80年代中期，木屑袋料栽培技术得到广泛推广，香菇产量迅速提高，并建立了反季节香菇、花香菇生产基地，进行香菇产品系列开发，这有效促进了香菇生产的进一步发展。鲜香菇、干香菇都是桂峰餐桌上常用的食品。

棘胸蛙

桂峰的山中有几条长流不断的山涧，非常适宜棘胸蛙的生长。棘胸蛙，当地俗称水鸡、石鳞、石蛙等，棘胸蛙习性喜阴湿，故集诸阴于一体，具有滋阴、清热、散结、解毒等多种药用价值，其肉质细嫩，味道极其鲜美，且富含蛋白质及各种高营养成分，综合营养价值可与甲鱼媲美，被誉为"山珍中的佳品"，已成为高档宴席上的菜肴。常食棘胸蛙，有助于幼儿的成长发育。

回味不尽的桂峰小吃

桂峰村海拔550米，是个半高山谷地，常年云雾缭绕，气候温润，物产丰富。俗话说"食材好，食才好"，优良的地理环境，生长出丰富多样的优质食材，为桂峰的美食小吃提供了先天的条件。同时，桂峰是古时尤溪通往福州的交通要道，来往商客络绎不绝，这又为桂峰的美食小吃传承提供了人文条件。

桂峰的小吃十分丰富，其中切面、清汤面、冻糕、豆腐、家鸡炖酒、草根汤、菜头粿、芋菇、粉丸、叠甜肉、蜂蛹等传统小吃尤有特色。

切面·清汤面

主料：面粉。

切面调料：香葱、猪油、酱油、米醋、食盐、味精。

切面制作方法：将一定比例的食用碱和食盐溶在水里，边淋盐水边用手搅和面盆里的面粉，直至将面粉和成面团状；将面团放在专用的面床上用力搓揉，感到面团有一定的韧劲和弹力时，把面团压实擀薄；待面团擀至约5毫米厚薄时，折叠成长条状，再用一把长七八十厘米的专用切面刀，切成4—5毫米宽的长条状；将面条放入热水焯熟，随即捞出放进冷水中过水，而后将面条放在竹筛上沥去水分；食用时，将面条放入热水锅中再次烫熟，捞出盛在碗里，加入猪油、酱油、蒜头醋、葱花、味精等佐料，拌

↑ 切面

↑ 清汤面

匀即可食用。

清汤面制作方法：其与切面大致相同，只不过面条厚度只有1毫米左右，又称之为"薄面"（或白面），而且无须过水，食用时，只需将面条投入沸水中烫焯，一见浮起随即捞出，沥干水倒入调好佐料的高汤碗里就可食用。高汤是用家猪的猪头骨（去皮）熬成的，味道鲜美。熬过汤的猪头肉肥少瘦多，无油腻感，拌上蒜头醋与切面、清汤面一起食用，更是天然绝配。

切面、清汤面是桂峰人日常最喜欢的小吃，有"长命""长寿"的寓意，故是当地人办红白喜事时必须要准备的食品和供品。

桂峰草根汤

主料：全番鸭（或兔肉、猪脚）。

辅料：草根汤、姜母。

调料：食盐、味精、红酒。

制作方法：将切片的羊耳菊根（乌根）、山苍子根、盐肤木（葡萄盐）根、茵陈蒿、毛天仙果、花眉跳架、七里香、山鸡椒根、铁牛入石等草根洗净，入锅熬制成汤；把全番鸭（或兔肉、猪脚）洗净，切块，焯水后，倒进用姜母煸香的油锅里，翻炒数遍，

↑ 桂峰草根汤

倒入家酿红酒，加盖稍焖几分钟，舀出，盛在大盆里；倒入草根汤，用文火炖一个小时左右；起锅前再加入红酒、食盐、味精等调料即可食用。

桂峰草根汤草根浓香，肉味鲜美，是一种温补的药膳，冬至食用，谓之"补冬"，具有滋阴补肾、清肝明目等功效。

冻糕

主料：番薯粉。

调料：白糖、冰糖、猪油。

制作方法：制作配制比例为1斤水、1斤番薯粉、2斤白糖、1斤猪油和少量冰糖；将锅加热，按比例倒进清水、白糖和冰糖，不停搅拌；待糖溶化时，加进番薯粉，不停搅拌；见番薯粉熟透成

↑ 桂峰冻糕

稠状，再一边搅拌一边倒入猪油，以防粘锅；完全黏稠时出锅，舀在盘或簸箕里，铺平，撒上炒过的芝麻，冷却后切成菱形摆盘即可。

　　冻糕是一道甜点小吃，香甜润滑，富有弹性，是桂峰人置办酒席必上的一道菜品。

叠甜肉

主料：五花肉。

调料：姜末、油、红糖、红酒、食盐、味精。

制作方法：将整条五花肉入锅煮熟，捞起沥水，切成2厘米左右的肉块；清水烧开，倒入姜末、酱油、红糖、红酒、食盐、味精

↓ 桂峰叠甜肉

等调料，用中火熬成半稠的卤料；把切好的五花肉倒入卤料中，翻搅均匀，加盖焖煮二十分钟左右即可。

叠甜肉因码叠装盘而得名，色泽红亮，肉味甜香，肥而不腻，是桂峰的一种传统美食。

粉丸

↑ 桂峰粉丸

主料：番薯粉。

调料：白糖、茶油、少量茶水。

制作方法：按1斤番薯粉、1斤白糖、3两茶油和少量茶水的比例，把番薯粉和好，捏成圆团（丸状），放置锅中隔水蒸熟即可。

粉丸，因咬一口会喷出粉末而得名，口感松软，番薯香味和茶叶香味浑然一体，别有风味，是桂峰特有的一道小点，很受老百姓（特别是小孩子）的青睐。

菜头粿

主料：大米、菜头（白萝卜）。

辅料：瘦肉丝、虾皮、虾仁、香葱。

调料：食盐、味精。

制作方法：将晚米（二季籼米）浸泡数小时，加水磨成较稠的米浆；将白萝卜刨成丝（白萝卜丝），加入瘦肉丝、虾皮、虾仁和食盐、味精、辣椒面（或胡椒面）等翻炒焖熟，倒入米浆里搅拌均匀；将拌好的白萝卜丝、米浆倒入炊篮（蒸笼）或圆形、方形的金属蒸盘中（均须垫一块炊布），隔水用旺火蒸熟；起锅时，淋上刚炸的葱头油，撒上葱花，放置稍晾后切块即可食用。

菜头粿，又称萝卜糕，取"好彩头"的吉利寓意，为桂峰农家逢年过节必做的食品之一。菜头粿可以蒸着吃，也可煎炸食用。如用芋头丝取代白萝卜丝，则可制成芋头粿，另有一番风味，制作方法、配料与菜头粿相同。

蜂蛹

主料：大米。

辅料：五花肉、蛤干、香葱、食用碱。

调料：食盐、味精。

↓ 蜂蛹

制作方法：把浸泡过的大米磨成浆，倒入锅中，文火加热，边搅拌边浇淋少量食用碱，使米浆凝固；取一只大盆，盛上半盆以上的凉水，把漏孔一厘米左右的竹筛架在大盆上；待米糊熟透成冻状，舀出，趁热倒在竹筛上，用锅铲将其从筛孔中压进凉水里，成蜂蛹状；食用时，先将五花肉、蛤干、葱头煸炒，然后倒入高汤加热，放入蜂蛹，待汤烧开一两分钟，加入食盐、味精、葱花即可。

蜂蛹，其实就是小面粉团，因外形酷似蜂蛹而得名。该小吃味道鲜美，爽滑可口，是人们喜欢的一道主食。

猪血斋

主料：糯米、猪血（或鸭血）。

↓ 猪血斋

辅料：猪肺、猪小肠、大肠头、葱花。

调料：食盐、味精。

制作方法：选优质糯米，炒熟，磨成粉（俗称"齑"），猪血碾碎，备用；将猪肺、小肠、大肠头等切成碎末，用猪油炒香；把高汤加热，稍温时（不可沸腾）缓慢撒入齑粉，倒入猪血和炒香的猪肺、小肠、大肠头等碎末，加油渣、食盐、味精等，不停搅拌，直至黏稠熟透；把熟透的猪血齑舀在放有葱花的碗里，压实，然后把碗翻过来扣到另一个碗里；用汤勺在猪血齑的顶部按一个小窝，倒入少许新熬的猪油即可。

猪血齑浓香爽滑，味美可口，是过去农家杀猪（送猪神）时必做的一道食品，除宴请屠夫和亲人外，主人还拿一个小碗，盛满猪血齑，面上盖一大块猪肉，与糟菜汤一起分送给邻里。如今，不少人将猪血改为鸭血，故又称为"鸭血齑"。

↑ 芋菇

芋菇

主料：芋子、番薯粉。

辅料：瘦肉、墨鱼干、姜片、葱花。

调料：食盐、味精。

制作方法：将芋子洗净，入锅煮熟，捞起剥去芋皮，碾压成泥；调进适量番薯粉、食盐，拌匀后捏成菇状备用；食用时，将葱花、姜片及瘦肉丝、泡发好的墨鱼丝一起煸炒至香；注入清水，见水稍开，倒进芋菇，用文火将其煮熟；起锅前加食盐、味精，撒些葱花即可。

芋菇是桂峰一道很有特色的小吃，因形如菇而得名，口感柔滑，甜润可口，如与红菇一起煮，色香味更佳。

咸菜蒸田螺

主料：田螺。

辅料：咸菜、蒜头、辣椒、姜片。

调料：茶籽油、红酒、味精。

制作方法：选择桂峰梯田里的野生田螺；用剪刀将田螺尾蒂剪去，洗净，盛在盆里；加上用芥菜制成的咸菜及蒜头、辣椒、姜片、少许味精，倒入红酒，使其没过田螺，面上淋一勺炸香的茶籽

↓ 咸菜蒸田螺

油；隔水用文火蒸十几分钟即可。

这是一道别具乡土风味的家常菜，螺香、酒香、蒜香，香香扑鼻；咸味、姜味、辣味，味味诱人，是农家佐餐的极佳食品。

桂岭豆腐

主料：豆腐。

辅料：瘦肉、香葱、姜末、芹菜、番薯粉。

调料：食用油、食盐、味精。

制作方法：烹饪前，先把豆腐入锅煮十几分钟，捞出切成四方块，再煮十几分钟，用漏勺捞出沥水，备用；食用时，将油烧热，放入肉丝、葱花、姜末煸炒至香，倒入高汤，再倒进豆腐，用中火焖煮两个小时以上；起锅前加食盐、味精、芹菜，用番薯粉勾薄芡即可。

桂峰豆腐是用山上的泉水和优质的黄豆制作的，口感特别好。焖豆腐是当地办酒席必上的一道菜。

谢客菜

在桂峰的酒席上，客人一看到蛏干汤端上桌，就知道这是最后一道菜了，俗语说"蛏干两只角，吃完就起脚"，因此，蛏干汤就成了当地酒席的"谢客菜"。蛏干汤制作十分简单，但讲究"全真"二字，全用鲜蛏子（或蛏干），不加其他辅材，放在碗里加入清水和几片生姜，放少许盐，置锅中隔水蒸熟即可。

↑ 桂岭豆腐

↑ 桂峰百年豆腐坊

桂峰紧邻闽清、永泰及南平的樟湖坂，其方言属福州语系福州腔，加上前往福州贸易行旅的客人大多经过桂峰，因此，福州的戏剧——闽剧，自然成了桂峰人的最爱。茶楼是客人必到的一处休闲娱乐场所。茶楼内常有当地艺人在演唱民歌、演奏器乐。文人墨客途径桂峰，茶楼里更要举行诗词吟诵和唱酬唱和活动。

↓ 蔡氏祖庙之丹凤衔书

第六章

民间文艺

桂峰闽剧

桂峰闽剧班社起源于19世纪末，并与桂峰"集福堂"祀奉的菩萨萧公有关。据传，萧公非常喜欢看戏，每年六月三十日萧公圣诞，桂峰村都会请来名噪一时的"新国风""众星班""善传奇"等闽剧戏班，通宵达旦地唱上几天大戏。当时闽剧名优薛银弟、陈春轩等都到桂峰演过戏。后来，蔡姓族人干脆自筹资金，到福州请了艺人依菊师来桂峰开设"琴馆"，收徒授艺，为萧公圣诞及村里村外的婚庆丧葬演唱。

民国十八年（1929），蔡团枝等蔡氏宗亲合伙办起了一个闽

↓ 闽剧表演

剧班，取名为"升平乐"班，世人俗称其为"蔡岭班"。"升平乐"班先聘请古田水口俞依曲为师，但因当时演员基础太差，戏班设备简陋，俞依曲任教两载，灰心而去。蔡团枝等人不甘半途而废，又凑起微薄收入，添置戏装道具，聘闽侯大目溪口张信波为师，使得戏班东山再起。三年后，"升平乐"班各门行当及乐队配备齐全，蔡团枝等也已掌握了司鼓本领，能独立教戏，当起了"升平乐"班的师傅。

20世纪40年代，桂峰闽剧班已具规模，前后台人员齐备，涌现出蔡团枝、蔡廷柱、蔡维钟、蔡永昌、蔡波林、蔡作垣、蔡维干等一大批较为出色的前后台艺术人才。50年代，在党的"双百"方针指引下，闽剧班又有了飞跃发展，演出剧目多达五十本大戏，受到了本县及邻县观众的普遍赞赏。

"升平乐"班逐步壮大，久演不衰，一时声名鹊起。除在本村演出，还常常到城关、梅仙、洋中、尤溪口一带巡演，演出区域很快发展到南平、顺昌、水口及闽江两岸，成为尤溪的第一个闽剧团。此间，又有一批年轻的优秀演员涌现出来，如蔡宣朝、蔡为池、蔡修墀、罗建莲、陈玉英、蔡和诗等。20世纪70年代末，桂峰还为尤溪县闽剧团输送了十余名演职人员，如蔡书修、蔡永蛟、蔡宗如、蔡宣耕等，他们都成了县闽剧团的艺术骨干。桂峰人爱好闽剧，已沿袭成俗，据统计，桂峰全村人口中有近五分之一的人曾上过戏台，演过闽剧。

茶楼对歌

由于前往福州的路程较远，很多过客都会选择在桂峰住上一夜，以解旅途劳顿，茶楼就成了客人必到的一处休闲娱乐场所。现在的桂峰46号房，原是天房宾也公的祖房，据传就是过去的茶楼，也称茶坊，为清代建筑。该茶楼坐东南朝西北，平面呈长方形，面阔23米，进深20米，中轴线上由西北向东南依次建有台阶、围墙、门楼、排水沟、店面等；主体建筑面临小溪涧，为悬山顶穿斗式木结构，是一座二层木构建筑；一层底层部分悬空，为吊脚楼式建筑。茶楼内堂常有当地艺人演唱民歌、演奏器乐。在石印桥周围的店铺楼上，也开设有茶楼酒肆，还设有赌场、烟馆等休闲娱乐场所。

盘诗，也称对歌、对诗，亦称锁歌，是尤溪广为流传的一种艺术形式，在桂峰也同样流行至今。桂峰盘诗唱的是洋中方言，土腔土韵，平白易懂，让人百听不厌。尤其在夏夜，青年男女三五成群，摆开阵势，边乘凉边用盘诗打起擂台。

桂峰盘诗诗文的来源大致有三种：一是由文人根据流传的手抄本，用本地方言改编而成的歌本；二是民间口传身授式的传承，没有文本；三是艺人随口而出，信手拈来，当地称为"顺口诗"。

↑ 茶楼小戏台

盘诗的诗格皆为七字四句，一问一答，讲述的大多是老百姓耳熟能详的历史典故和民间故事，如《三国演义》《乾隆下江南》《甘国宝》《白蛇传》《凤凰山》《狸猫换主》《韩家庄》《包公斩皇叔》《斩郑恩》等，还有《十二生肖》《十二古人》《十全十美》等。

桂峰还有一种流行于乡间由女子演唱的民间艺术形式叫"行诗"。村姑少妇闲来无事时，常常邀集在一起，一边聊天，一边演唱行诗取乐。行诗也以文本式居多，有《钓鱼郎》《张生》《山伯英台》《薄情郎》《十月怀胎》《过家猫》等，曲调只有上、下两句，互问互答，很是自由。

↓ 桂峰古茶楼

历代著名艺人

蔡为池　1934年农历甲戌年九月，蔡为池生于桂峰下坪街街头厝。7岁丧父，随母改嫁本村蔡昌培，做其养子。

幼年时，在其养父的教导下略识些文字，大部分时间做田间农活和小工帮手。18岁时，凭着轻巧敏捷的身材和甜润清亮的歌喉，加入了蔡岭班闽剧团拜师学艺。一折《安安送米》小戏使他在洋中民间戏班里崭露头角，以反串坤角而走红梨园。蔡为池扮相俊秀靓丽，做派端庄自然，声腔甜美清亮，成为蔡岭班的第二代当家花旦、台柱演员，被誉为"比女人还女人"的一代坤伶。他的代表作有《梁山伯与祝英台》《梁天来》《渔船花烛》《陈三五娘》《西厢记》《八美楼》《荒江女侠》《牧羊女》《临江会父》等。

1958年、1980年，洋中公社（今洋中镇）两度抽调各村优秀演员成立洋中公社文工团（后为洋中闽剧团），蔡为池当之无愧地应选参加，并担任导演，为洋中的闽剧发展作出一定的贡献。

2005年至2012年，由蔡为池主持、收集，洋中镇几位热心家乡事业的老人自发编写的《洋中民间文化大观》，共有3辑60万字，作为用于内部交流的资料集，该书有专门的编纂委员会，名誉主任为洋中籍台胞蔡龙豪，主任为蔡为池，内容包括"姓氏渊源""民俗风情""趣闻逸事""人物传奇""地方名产""历史硝烟""地方逸趣""歌赋诗词""古今奇事""名胜古迹""民间传说""好人好事""风味小吃""文教卫生""畜牧矿产"等篇章，是传承洋中历史文化遗产的重要资料。

蔡芳 桂峰人，1953年10月生于南平，先后在福州大学、北京广播学院、西南交通大学学习深造，高级工程师。历任永安市委政策研究室主任、永安市广播电视局副局长，有线电视网络中心主任等职。 1994年8月，中国民间文艺家协会中华灯谜学术委员会成立时，他当选为中国民间文艺家协会中华灯谜学术委员会常委并担任学术部副部长。他先后荣膺中华猜谜手、中华灯谜国手、中华十佳灯谜学术研究员、全国十大谜书收藏家等称号。

从2000年开始，他连续15次担任晋江市每年一届的侨乡灯谜大赛评委，7次担任"中华灯谜锦标赛""中华灯谜艺术高层论坛"等全国性大型谜会评委。2011年5月，应新加坡灯谜协会的邀请，前往新加坡进行谜艺交流，这是三明灯谜第一次走出国门。

制谜技艺是蔡芳灯谜创作主攻的方向之一，他创作的灯谜达16000多条，著有6本灯谜论文作品集和十几本灯谜普及读物。

1989年2月5日，在央视"春节联欢晚会"特别节目"谜语擂台"节目中，全国6个省级队12名超一流灯谜高手集聚一台同台竞技，蔡芳就是其中一员。蔡芳的精彩表现，获得台上台下一片喝彩！蔡芳在这次面向全国现场直播的最高层次的灯谜赛事上，为福建争了光，为三明争了光，也为家乡尤溪的父老乡亲争了光。

诗词联赋

桂峰，这个有着很深文化渊源的中国历史文化名村，明清两朝考取功名的达五百人，他们在诗词歌赋上更是享誉多多。历次编修的《桂峰蔡氏族谱》艺文中都收录许多诗词作品，而且那隽秀的手书小楷也是百里之内罕见的。民国十五年（1926），清末秀才蔡仰谟（又名蔡小明）主持编辑了《桂峰存古诗集》（福州远东书局刊印）。1998年，蔡为海先生重新整理校正《桂峰存古诗集》，删节部分内容，增补了一些现代族人的格律诗词，更名为《桂峰古诗集》（蔡龙豪出资印刷），精装重印，除送县内外少数诗人和社团负责人外，全部分赠本族宗亲永久收藏。

历代诗词联选

《桂峰蔡氏族谱》足足装满二十余箱，可谓卷帙浩繁，谱中所载的诗词作品少说也有上千首，就是当代蔡为海选编的《桂峰古诗集》也选录了五百多首。在集子里，有反映社会重要内容的《革命军取南京雨花台记事》，有抒发自己感怀的《述怀》《登越王台怀古》《谒文天祥先生祠堂》《怀岳武穆》《读书有怀》，有写景抒情的《咏雪》《旧雨望晴》《秋至》《西湖晚步》《山中》，还有写当地的《桂峰八景》《玉泉斋即景》《南溪书院》《题活水亭》《丹桂飘香》《桂峰道中》《印桥皓月》等，不一而足。以下就从不同内容、不同风格选摘一部分诗词，以飨读者。

南溪书院

天地钟灵岂偶然？山英岁数两开先。

沈溪肇迹符东鲁，活水分源接泗泉。

德化当年麟瑞应，道传往哲圣功全。

贞元间气今犹古，伫看前贤启后贤。

（作者蔡光邵，明岁贡生，曾任广东昌化知县）

过读书处时有武夷之行

玉箫声断草堂幽，竹径横斜客自留。

吾道南来知己少，美人西去共谁愁？

楼台乌雀双溪暮，风雨梧桐万井秋。

闻说武夷多盛事，可能无意泛扁舟。

近来（二首）

近来韵事属桑麻，荷插行吟兴转加。

独木为桥因过垄，崩岩无树亦栽茶。

牧樵道上吹横笛，鸡犬村中叫落霞。

为嘱园丁须努力，菜苗稀处可栽花。

虽然疏懒近尤加，亦爱园林学种花。

小小石头供点缀，时时烟里失人家。

鸟知好客催联句，月傍清宵过品茶。

最是老梅饶古意，岁寒依旧影横斜。

（作者蔡谦）

秋夜

怪石藏苔老，飕飕遍客亭。江山留古意，天地渡寒灯。

云隐纱窗静，烟繁曲径馨。浩歌悲壮士，展卷看流萤。

登滕王阁

登临高阁俯豫章，漂泊西南感慨长。

凤阙何年归帝子？鸟声依旧唤王郎。

分明客主风流在，虚忆江湖笑语狂。

极目霸图何处是？汉阳烟景吊苍苍。

（作者蔡亮，秀才）

谒文天祥先生祠堂

当年匡复仰宗臣，威震延津壮八闽。

南北沉沦天不祚，春秋祭祀庙恒新。

双溪犹涌吞元恨，百折难回翼宋身。

肃拜庭前瞻正气，斗间高并剑光匀。

题活水亭

云窝深处涌涓涓，泻入方塘清且涟。

圣读潜通洙泗泽，道航显著跃飞天。

远翻学海千层浪，静印心原一线传。

半亩空明良有本，朝宗不息此潺湲。

（作者蔡念殷，号半山）

秋至

白露横江夜气冲，黄花酒熟菊花浓。

惊秋草木多零落，唯有苍苍一老松。

梦笔驿（二首）

挥毫赋就卧窗东，才熟黄粱梦未终。

想是心花开发后，春风吹到管城中。

心花好比笔花妍，醉卧春风二月天。

留得余香传粉本，一双蝴蝶画帘穿。

（作者蔡仰章，岁贡）

怀岳武穆

尽忠报国志无他，慷慨请征泣战袍。

泪尽两宫金鼓震，心恢（灰）河北旌旗高。

才酬国耻十年血，空恨虏氛一字和。

壮气河山留不住，疆场变作杀金刀。

读书有怀

二十年来只读书，近今世事已何如？

争登傀儡场中巧，谁探骊龙颔下珠。

大块悬灯酬纸笔，江山酿酒壮居诸。

文章自古休言命，堪笑刘生老腐儒。

（作者蔡秉衡）

春寒

莫道春来早，春寒觉转加。

青山烟暮起，红日影西斜。

风怒窗能语，霜凝夜光华。

蜡梅经雪后，何处觅桃花？

咏水仙花

不沾寸土不沾泥，素质轻盈费品题。

一种幽香仙子格，清风吹送绮窗西。

中秋无月客次偶成

三五良宵客兴恢，云帘深锁费徘徊。

嫦娥底事梳妆懒，终夜镜奁不肯开。

天香飘散正中秋，为甚仙姬不出游？

想是广寒开夜宴，今宵酣醉未梳头。

革命军取南京雨花台记事

南京最险雨花台，天设严关势崔嵬。

金陵城中百万户，东南半壁江山古。

革命军兴起武昌，南方战事正傍午。

征南司令蓝天蔚，谋取南京三可畏。

张勋铁良张人俊，统领江南大藩镇。

雨花台失砥柱倾，非关天数亡清朝。

兵民一变无固志，满谷都生风鹤声。

劝君莫学张睢杨，宝马名姬两俱亡。

君不见童贯弃太原，宋臣谁敢议私奔？

又不见太沽旅顺口，两座炮台并失守。

正汝贵同丁汝昌，窜身租界为逃薮。

吁嗟清室三英雄，杳如黄鹤去匆匆。

我非作史聊记事，后人褒贬自有公。

（作者蔡仰谟）

印桥皓月

石印方桥雁齿平，一轮皓月照盈盈。

朗吟云影天光句，恰与文公证旧盟。

玉泉涌蜜

石罅涓涓涌细流，甜于崖蜜碧于油。

欲知甘醴源何处？请向南溪活水求。

双漈龙吟

岸分双漈水声喧，雨雨风风护石门。

料得剑津龙跃后，千年神物此间存。

金鸡曜日

疑向空中报晓筹，花冠欲带彩霞流。

从今好做高岗凤，一唱蜚声遍九州。

（作者蔡以成，清嘉庆进士）

印桥皓月

彩虹跨水浮光兔，一镜当空散烟雾。

何年屃齿印痕苔，人间到有登天路。

丹桂飘香

何年分种广寒木，金粟累累生馥郁。

此间疑是灵鹫峰，拘得天香几万斛。

（作者蔡钟铭，清举人）

印桥皓月

雁齿双痕似卧波，圆灵镜下影如何？

分明一月千潭影，人迹何年印得多。

丹桂飘香

木樨花发正秋光，夹道清风趁晚凉。

蔡岭今成灵鹫岭，不教云外散天香。

除夕（二首）

五年除夕四离家，忙里偷闲度岁华。

甥馆授餐情倍厚，市尘索债语争哗。

抚躬自愧貂裘敝，转眼还惊马齿加。

爆竹一声送腊去，春光和照遍天涯。

鼓声送腊雨声连，弹指光阴又一年。

松有贞心寒独秀，梅无俗态晚又妍。

老妻预酿迎春酒，稚子争分压岁钱。

好把名香添宝鸭，明朝篆绕吉祥烟。

（作者蔡鸣凤，道光戊子举人）

函关夜泊

舟行三四日，薄暮到函关。峭壁人居密，平江钓艇闲。

秋声鸣古树，夜色满前山。美酒沽容易，当为痛饮还。

到家

但愿乡关近，焉知道路颇。聆声兄弟喜，闻讯友朋多。

松菊辉秋径，琴书荫女萝。自能忘得失，詹尹不须过。

三省

寻常事理亦难探，诚切功夫岂易谈。

念凛冰渊贞以一，日勤省察著于三。

人知人见无轻忽，自慊自欺要细勘。

学似子舆方笃实，聪明才办不须贪。

取友

里巷追随岂有因？担肩执袂漫相亲。

论文无取浮华辈，志道须依巨范人。

修己惟当归笃实，借资正欲得开陈。

若非静处同劘切，颜伸如知应矍矍。

（作者蔡一峰）

西湖晚步

依依残照恋湖西，无数青山暮色齐。

茅屋不欢谁厦庇，桃园难觅转津迷。

梅花耐冷寒中味，杜宇催归梦里啼。

艳质岂真唯越女，何人再过浣沙溪？

有感

世局如棋岂等闲？纷纷谁与济时艰。

塞翁失马宁非福，老子犹龙不可攀。

毕竟国防休破坏，本来天道有循环。

白云已倦宜归岫，何时随风又出山？

辛亥清明感赋

莫道春光尽有情，年年客里过清明。

苦寒三月花迟发，久雨兼旬草蔓生。

异地思家书屡寄，先期奠墓酒曾倾。

繁霜两鬓犹羁旅，宦海飘蓬悔此行。

怀孙祖晋同砚

少年笔砚共论文，肝胆相倾两不分。

马帐经生居首列，龙宫家学本奇闻。

友如鲍叔方知我，世乏卢医合让君。

太息功名犹蠖屈，兴君才调自超群。

（作者蔡绍元，举人）

桂峰八景总咏

桂峰名胜良难数，去天不远才尺五。

金鸡璀璨映朝曦，石笋峥嵘为砥柱。

云龙飞虎各效灵，骧孔声雄畴足伍。

最爱泉流酒国春，故人清风堪相与。

丹桂当秋拂袖香，环桥月色光如许。

余游此地长深忆，八景天然亘万古。

（作者蔡新，清乾隆大学士）

桂峰道中

停舟登岸雨蒙蒙，夹石云迷一路通。

乘兴难攀恨者岭，凭高却遇快哉风。

疏钟音彻层岩里，欸乃声传曲涧中。

作吏奔忙不惮苦，捫心尚自念民穷。

（作者李埙，尤溪知县）

游桂峰口占

云梯级级步崇岗，上有高楼接大荒。

比屋环居蛛结网，连山奔赴凤朝阳。

年丰岂为催租苦，农隙偏因种麦忙。

涤我尘襟聊小住，芝兰满室正闻香。

（作者刘澍章，尤溪知县）

诗联与修身治家

桂峰蔡氏自肇基以来，始终坚持"耕读传家"的优良传统，对内激励子孙后代，对外张扬家族精神。蔡氏宗祠大门的联语就是"绳其祖武惟耕读；贻厥孙谋在俭勤"，上联说继承祖上功业且耕且读，下联说为子孙做好安排贵在教育他们勤奋节俭。可见，这是一副宗族励志联，它在蔡氏族人的修身治家中起着很重要的作用。

买田盖房，耕田持家，是家族平常日子终年无忧的经济基础，也是繁衍子孙不可或缺的条件。读书兴家，文化兴族，是提高人才素养，保证家族持续发展长盛不衰的根本。因此，桂峰蔡氏大力办学，既有村办公学，又有私立书斋，双管齐下，培养了一代又一代的科举人才，进士、举人、秀才达五百人之多。家族中读书人的不断增多，加上通往福州的驿道经过桂峰，使下榻桂峰的官员和文人墨客大量增加，书斋、茶楼、家居会客的文化气氛日渐浓厚起来。公务会客谈诗论道，逢年过节吟诗赋词，文人自身获得了传统文化的滋养，大大提高了自己为人处世的文化站位，使子孙后代耳濡目染，潜移默化地传递、塑造桂峰文化的伟大品格。

书斋教育的推动，科举俊才的引领，大大激发了桂峰蔡氏渴望建功立业的信心和决心。蔡仰章在《偶成》写道："不可读无书，焉可居无友？无书愚难破，无友谬谁纠。连年好积书，安置北窗牖。"读书、藏书成了蔡氏文人的生活习惯。他们不但持之以恒地读书，而且追慕古代先贤，如拜谒武穆祠、朱熹诞生地等，有蔡秉衡《怀武穆祠》、蔡半山《谒南溪书院》等许多篇章。"青灯有味忆儿时，九岁趋庭学咏诗。父子传经心了了，算来花甲一周期。"（蔡仰谟《老吟感旧》）家庭教育源于《论语》的"不学诗，无以言；不学礼，无以立"的传统，到了老年仍清楚地记得在父亲的指导下，九岁就能写诗的少时经历。

"问渠哪得清如许，为有源头活水来。"（朱熹《观书有感》）从训蒙后代背诗明理，到写诗抒怀明志，子承父教，世代相传。桂峰蔡氏人才济济，也渐渐积累了富有特色的桂峰文化。清代在福州印刷的《桂峰存古诗集》、20世纪90年代增订重印的《桂峰古诗集》，就是一个显著的例子。《桂峰古诗集》中的五百多首诗，写于不同时期，既有"风怒窗能语，霜凝夜光华""云隐纱窗静，烟繁曲径馨"等许多形象生动的诗作，也有许多或自警自叙，或示诫儿孙，或赠亲送邻的诗句，当然，也有一些诗意稍显直露不够含蓄的诗作。读书人认识到"文章自古休言命"（蔡秉衡《读书有怀》），"吾道南来知己少"（蔡谦《过读书处时有武夷之行》），自觉得身上有"才酬国耻十年血，空恨虏氛一字和"的伟大使命，蔡半山瞻仰文天祥祠堂"肃拜庭前瞻正气"，这都是读书人的自觉自警。教育儿孙择友要"论文无取浮华辈，志道须依巨范人"（蔡一峰《取友》），提醒孩子惜时、珍惜光阴的则有"抚躬自愧貂裘敝，转眼还惊马齿加""鼓声送腊雨声连，弹指光阴又一年"（蔡鸣凤《除夕》），这些诗句直至今天也完全没有过时。即使是写景的诗句，也蕴含着鼓励晚辈坚强的意味，如"惊秋草木多零落，唯有苍苍一老松"（蔡仰章《秋至》），"松菊辉秋径，琴书荫女萝"（蔡一峰《到家》）等。

除诗词之外，楹联的修身和家教作用也极为重要。意思比较明显的如"绳其祖武惟耕读；贻厥孙谋在俭勤""人心知水源木本；庙貌报祖德宗功""祖宗传克勤克俭；子孙法唯读唯耕""养正在蒙勿以浮华滋竞躁；登高自下宜从实处作根基"，也有些比较含蓄的，如"惜竹不除当路笋；伐薪教护带巢枝""孝隆东阁；经重石渠"。这些都是宗祠、祖庙上的联句，有的书斋、茶楼、民居大厝也一样有很好的楹联。如茶楼上有"探九龙宫观白玉；上一层峰拱天鸡"，这是一副抱负极为远大的励志联，意为学问或技艺达到了顶点，可谓登峰造极，读来极富韵味。"最喜渊源崇元定；尚期家世继君谟"这副楹联，反映了两个渊源：上联反映的是当地的文化渊源，来自朱熹高徒蔡元定及其"九峰"衍派；下联反映的是族姓来源，表明他们是蔡襄（字君谟）的后裔。从蔡长开基桂峰，蔡氏子孙谨记并传承祖上的传统美德，追求"立德立功立言"，蔡氏人才层出不穷。

正是崇文重教的理念和实践，桂峰这方水土，培育了一代又一代的优秀人才。

↓ 古厝剪影

结语 说不尽的古村落

走进桂峰村，便像穿越了历史时空，四周群山环抱，山头轻雾萦绕，民居依山而立，层层叠叠、错落有致。桂峰村现存明清古建筑39幢，古建筑保护区占地面积13万平方米，传统街区建筑群面积2.6万平方米，是福建省目前保存最完整的明清建筑风格古建筑群。漫步村中，只见古道、古街、古树、古书斋、古碑刻等沿道而立，古书画、古族谱、古玩、古器皿等深藏在历经风雨的老屋里。那些明清古厝，其建筑之精致，保留之完整，真是令人惊叹。如果说历史是根，文化是魂，那么很多专家学者用"厝厝均有文化，满街都是历史"来评价桂峰，并不为过。

2003年1月，桂峰村被福建省政府授予"历史文化名村"的称号，2007年被国家建设部、文物局评为第三批"中国历史文化名村"，2014年被农业部评为"中国最有魅力休闲乡村"，2016年被评为国家3A级旅游景区，2018年被评为国家4A级旅游景区。

近年，洋中镇按照尤溪县委县政府"全域旅游"发展战略，将桂峰古村落作为旅游品牌重点打造，通过保护和修缮，旅游资源得到合理开发利用，向世人展示了桂峰深厚的文化底蕴、鲜明的文化特色和优美的生态环境。

自1985年尤溪县博物馆以及2016年县文物保护中心成立以来，先后多次对桂峰村进行调查和史料收集整理。特别是2007年至2011年开展的全国第三次文物普查，对桂峰村古建筑现状进行复查并建立相关档案，经国家文物局确认的文物点共32处，县政府先后申报省级文物保护单位2处，公布县级文物保护单位1处。

同时，对已公布的文物保护单位建立了"四有"档案加强管理。

2014年3月10日，省级文保单位蔡氏民居修缮方案经省文物局批复，在县文物部门指导下，从2012年至2017年共投入修缮经费179万元，先后对蔡氏民居、步云楼、蔡氏宗庙进行恢复性修缮。近年来，当地党委、政府及村委会通过不同形式引进民间资本对茶坊、书斋、后门山大厝等多座古建筑也进行了抢救性修缮与合理利用。

2014年7月，桂峰村委托福州大学编制相关保护规划，从顶层设计上引导传统村落保护工作，先后完成《中国历史文化名村——桂峰村保护与再生利用规划》《桂峰村村庄整治规划》《桂峰村旅游规划》以及《桂峰村现代建筑改造规划》等规划编制，聘请有资质的古建筑保护专业团队实施抢救性保护工作，对全村古建筑采取

↓ 莺啼晨起

相应措施加以保护。村民还自发成立传统村落保护理事会，对村内现存的39幢明清古建筑，分别推举专人作为理事会成员，负责管理族谱，制定传统村落保护相关村规民约。同时，村里老工匠和部分村民还开展修缮自家民居活动，真正实现群众自发参与传统村落保护工作。截至2018年年底，已完成清代茶楼、后门山大厝、桂峰46号、泮月池书斋等10栋古民居修缮。

近年来，桂峰村还注重对传统艺术、传统民俗、人文典故、地域风情等非物质文化遗产的保护规划。挖掘春节、元宵节、清明节、端午节、中秋节、重阳节等传统节日和迎新春舞龙踩街活动、七月半祭祀活动等，丰富扩展传统文化的内涵和外延，展示和提升桂峰古村落的良好形象，凸显桂峰村独特的文化魅力。为了突出历史文化遗产的真实性和完整性，在对文物、历史建筑、古街古巷的传统格局加强保护的前提下，充分考虑与传统村落密切相关的地形地貌、河湖水系、乡土景观、自然生态等自然环境，使自然与人文景观相契合。同时，修缮文物建筑、历史建筑，提炼传统建筑元素，整治非保护性破旧房屋、杂乱建筑，恢复原有建筑风貌，形成统一协调的地域建筑风格，体现乡土气息和地方特色。

有一位哲人说过：人不仅仅靠粮食活着，心里还要有一盏长明灯照着。家庭出身不同，社会经历不同，经济状况不同，心里的那盏灯也许很不一样，但是对故乡、对淳朴的乡村文化情结总是相似的。那一方翠绿的田园，那一座黛瓦白墙的古厝，那一个三尺见方的灶台，以及房前屋后的一口老水井，甚或是歪歪扭扭的一棵老桂树，已经凋谢的一株野花……这就是中国望族名村、中国历史文化名村——桂峰，曾经繁华的古村落，送来的不老风情吧！

桂峰一角

附录　盘诗（选辑）

十二生肖

第一生肖鼠成亲，宋朝五鼠闹东京；

好个清官包文拯，日判阳来夜判阴。

第二生肖牛出门，仁宗登基做帝王；

铁面无私包文拯，斩你皇叔赵三王。

第三生肖虎成精，五虎平西是狄青；

头路先锋焦廷贵，八宝公主回家庭。

第四生肖兔落仓，猪八戒招亲高老庄；

遇着孙行者大路过，打你八戒不可挡。

第五生肖龙上云，东边会出盖苏文；

西边会出薛仁贵，三世投胎苏宝同。

第六生肖蛇变龙，有道明君算乾隆；

九门提督甘国宝，保驾千岁朱光龙。

第七生肖马落槽，十八把飞刀纪月娥；

金宁伍挂帅好厉害，征了番邦得功劳。

第八生肖羊上山，杨家好汉堆成山；

把守三关杨宗保，十八寡妇去征番。

第九生肖猴上山，猴王出世花果山；

一斗三千八百里，难过如来五行山。

第十生肖鸡报更，胡奎落难鸡爪山；

罗焜罗灿两兄弟，祁巧云法场救上山。

十一生肖犬巡更，杨玉环杖落安禄山；

李隆基得困马嵬坡，郭子仪带兵复江山。

十二生肖猪落槽，天蓬元帅戏嫦娥；

犯你天条不死罪，贬落凡间做猪哥。

十字诗歌

一计姜维害三贤，一清吕布戏貂蝉；

一人子龙救阿斗，一统天下司马炎。

二龙山上鲁智深，二帝落难取救兵；

二唐天下归一旦，二郎外甥救母亲。

三人结义在桃园，三战吕布刘关张；

三请茅庐诸葛亮，三气周瑜命归亡。

四姐下凡去招亲，四太子过河搬救兵；

四郎番邦招驸马，四大金刚战猴精。

五娘出街弹琵琶，五关逃出姜子牙；

五郎出家做和尚，五女下凡插琼花。

六出祁山得姜维，六国丞相是苏秦；

六郎斩子杨宗保，六子回朝郭子仪。

七子救驾闹纷纷，七郎托梦杨令公；

七步成章曹子建，七擒孟获诸葛公。

八仙庆贺会桃园，八十太公遇文王；

八十子龙斩四将，八十二梁灏中状元。

九口飞刀盖苏文，九把飞标苏宝同；

九门提督甘国宝，九世同居是张公。

十二拜相是甘罗，十八士子是登高；

十大功劳是韩信，十孝大王是舜哥。

包公斩皇叔

甲字出头字是申，梁文德之子名梁金；

梁金会文马家门，得遇娇云马千金。

三横一直字是王，梁金读书回家门；

一心思念马小姐，不幸得病好凄惶。

二字企人字是仁，梁金床上病沉沉；

梁文德夫妻齐来问，梁金从实讲分明。

工字牵丝字是红，梁文德听讲心通笼；

我儿原来得这病，即刻就去请媒人。

三横一直字是王，梁文德媒人请进门；

今天起重媒人脚，去到马家做媒人。

二字企人字是仁，媒人奉命就起身；

一路来到马家府，就对马士兴讲分明。

二字企人字是仁，马员外听讲笑微微；

梁金公子有此意，就定十六结朱陈。

二字企人字是仁，媒人回话梁门庭；

梁金听讲病就好，十六花轿扛新人。

八字匡木字是公，梁金结婚闹纷纷；

夫妻二人同交拜，四双八拜进兰房。

正月十五是元宵，马娇云姑嫂出家门；

行到街中看花灯，会遇皇叔赵三王。

工字牵丝字是红，赵三王无道是呆人；

看见娇云生得好，就夺姑嫂二其人。

艮字一点字是良，可怜梁家二诸娘；

赵三王调戏死不肯，姑被杀死嫂上梁。

艮字一点字是良，姑嫂被害好凄凉；

托得奴夫梁金梦；梁金公子就八传（知道）。

可字三点字是河，梁金控告无奈何；

遇到奸官是王典，送你梁金进监牢。

工字牵丝字是红，赵三王无道是呆人；

点上五百亲家将，火烧梁家好惊人。

三横一直字是王，包文拯赈粮回京门；

梁家告状京城街，包公就审赵三王。

三横一直字是王，梁金无罪判回门；

铁面无私包文拯，虎头铡铡你赵三王。

十射台

·············

六字射台六丁当，赵匡胤没情斩郑恩，

高怀德兵马赶进京，陶三春反你不可挡。

七字射台七翘胶，朱买臣落魄去砍柴，

肩头担（挑）担手掏书，五十二岁中探花。

八字射台八开开，没情没义蔡伯偕，

三年饥荒没到厝，饿死爹娘可呆呆。

九字射台九重阳，单刀赴会关云长，

过了五关斩六将，战鼓三声斩蔡阳。

十字射台十竹头，高力士接亲藉势头，

你讲高力士许厉害，要你空轿扛回头。

民国时事 （顺口）

二字企人字是仁，民国天下不太平；

前朝古人过时话，要盘革命正行时。

车字走马字是连，宣统皇帝做三年；

武昌起义作军器，革命造反壬子年。

甲字出头字是申，袁世凯谋反在南京；

有职无权宣统帝，回转辽东去安身。

可字三点字是河，蔡家会出蔡松坡；

袁世凯谋反打天下，云南兵到毛奈何（无可奈何）。

艮字一点字是良，日本兵进卢沟桥；

蔡廷锴能排橄榄阵，就在上海作战场。

成字挑土字是城，铁甲车掏我使卖行（走不动）；

十九路军长挂电报，战斗机飞到机面埕。

六字一点鸡角头，十九路跟你做对头；

飞机炸弹好厉害，日本鬼败阵走回头。

八字匡木字是公，中国英雄十九军；

各国相联送军器，打败日本好威风。

成字挑土字是城，陈仁标团长好出名；

能替（跟）卢才义兄弟，联合去打福州城。

曰字一直字是田，尤溪县长都没闲；

林志群带兵回头转，陈仁标团长去古田。

三横一直字是王，古田得会曾玉光；

用计请酒义兄弟，打死陈仁标命归亡。

....

西厢记·听琴（节选）

....

张生无奈向前行，思量呆命真可怜，

脚酸手软到书房，思前想后痛断肠。

六神无主苦徘徊，红娘经过书房门，

借问张生苦什么？何故苦得许凄惶。

张生开口说原因，两眼带泪诉衷情，

今旦被你夫人害，两事也没一事成。

红娘开口答张生，何必犹愁挂在心，

奴有一计教给你，必定莺莺动芳心，

你可月琴粉墙弹，引得莺莺月下听。

张生自幼聪明子，弹琴功夫有何难？！

全心尽意学二日，弹得月琴戏莺莺，

张生操琴粉墙内，剪剪轻风阵阵寒。

春色惹人眠不得，月移花影上栏杆。

一声弹琴响清清，当初伯虎去卖身，

假意磨镜游厝里，后来得会尤千金。

二声弹琴响洋洋，必正诵诗陈妙常，

私结姻缘尼庵内，后来得中文状元。

三声弹琴三声来，山伯得遇祝英台，

同窗三载没相会，阴世夫妻判回来。

四声弹琴响叮当，孟姜女自寻范九郎，

杨柳树下成亲后，哭倒长城万里长。

五声弹琴响五音，苏小赠金给鲍仁，

跳出烟花楼前去，后来诰命称夫人。

六声弹琴音有余，列国文君戏相如，

但愿丝结多有意，半夜私奔成鸾俦（凤侣）。

七声弹琴响叮当，番国梨花配丁山，

二人阵前相交战，后来夫妻去征番。

八声弹琴音悠悠，窈窕淑女君子逑，

古贤经书都讲透，难怪书生爱风流。

九声弹琴尾声愁，日月星光照高楼，

寻常一样窗前月，照我君瑞分外愁。

十声弹琴随风去，就像流水泻高山，

莺莺听见弹琴声，就叫红娘齐来听，
听见琴中古人事，就晓弹琴是张生。
张生停手入耳听，粉墙下面有人行，
放落月琴书桌上，手攀桃枝跳过墙，
爱做风流顾不得，跌脚跌手也无妨。
更深夜静什么响？胆战心惊意彷徨。
恐怕别人先看见，回头跳转书房门，
独在书房细思量，准是小生该没缘。
想来想去心头乱，一盲没困到天明，
一天思想三天长，思量得病倒在床。
张生床上病沉沉，狂眠做梦为千金，
百般草药难下口，一日重来一日轻。
劳动长老手捧茶，红娘出街买枇杷，
就问长老捧什么？何人得病食此茶？
就是书生张君瑞，不知病从何处来，
不像风寒共赤水，不是食酒饮着痧。
满面苍白没颜色，眼肿蒙眬不识他，
红娘听讲心自明，张生此病为弹琴。
红娘回转见千金，轻声细语报知情，
也讲张生病症重，精神蒙眬犯相思。
红娘讲话太巧起，无端言语讲得来，
奴奴也没三分貌，使你张生有贪头。
奴家看过有药书，取出笔砚开药方：
第一知母当远子，第二槟榔可防风，

第三豆蔻生龙脑，第四当归加木通，

第五人参附子桂，第六香砂理中丸，

第七乌梅红娘子，第八薄荷紫苏汤，

第九安魄定魂散，第十甘草人参姜。

十般草药开得了，烦妹先送张生房，

就讲是奴亲手写，先食一帖看如何。

张生接过看分明，红娘听生讲原因：

生病不用吃草药，只要莺莺一片心，

若无小姐来搭救，小生必定命归亡。

张生不食此方药，红娘回转到西厢。

偷对莺莺耳边讲，张生病症好惊人，

狂眠做梦因为你，相思过度病在床，

劝你要去救依命，要记当初救你情。

吃鱼要记金丝网，吃笋要记栽竹人。

莺莺轻启樱桃口，红娘讲话也是真，

羊有恋草之恩义，难道奴作背义情？！

你今救我三条命，奴难救你一个人？！

就写书信回四句，其中暗语你知情，

更深夜静西厢下，月明风吹门半开，

观看墙头花影动，此时就有玉人来！

张生接看诗四句，果然小姐好文才，

叫奴等得月明上，桃枝影动玉人来。

举头看见满天星，月光普照有情人。

红娘开了门两扇，轻脚蹑手墙边来，

是奴一心救郎命，黑夜没灯也要行。

行到张生书房门，轻轻冤家叫一声，

张生听见就开门，救苦救难我娇娘，

总是小生连累你，抛头露脸出西厢。

前日红娘讲你病，苦在心头没主张，

一日没吃三顿饱，几天没梳一日妆，

担心母亲严管教，又怕寺内多人行。

张生听讲微微笑，多情姑娘算莺莺，

不想荣华共富贵，不想读书中状元，

只想娇娘共床枕，靠抱娘花七日香。

奴郎何苦只用心，个个女子都一般，

得遇奴奴同相会，什么风流给郎贪？

贪娘十指如冬笋，贪娘双脚像牡丹，

髻像南山云一片，口像池中鲫鱼唇，

眉像三春杨柳叶，两眼梭梭似水灵，

但求一滴甘露水，从此病鬼走他方。

………………

过家猫（节选）

············

头上没梳面没洗，两手好像火烧柴，

目秋（眼睛）没洗木荆花，嘴齿没洗生茶花。

门前果子都要买，没钱一心又去赊，

赊得过手便欢喜，人来讨钱摔嘴巴。

厨中碗碟都没洗，蝴蝇（苍蝇）放穗结成花，

灶里蜘蛛看见网，鼎里蛤蟆打冬秋（秋千）。

夜间上厝便讨酒，大瓶掼起（提起）像喝茶，

老公叫你去泡茶，青山茶米未发芽，

老公叫你搬椅坐，后门椅子没椅胶。

人客来到杀只鸭，灶后鼎里吃没渣，

吃去分脯共肝胲，只剩头尾翅与爪，

骨血凑碗碗没电（满），又骂家中没好猫，

气得老公腹肚痛，人客面前脸无颜。

贤惠妇女千年记，不贤妇道不成家。

做田郎仔讲开荒，读书郎仔讲文章。

买卖郎仔讲生意，柴夫郎仔讲柴火。

摊船郎仔讲溪曲，坐轿郎仔讲高花。

后 记

　　敬宗敬祖，是中华民族的一种重要美德。孙中山先生曾经说过："依我看来，中国和国家结构的关系先由家族，再推到宗族，然后才是国家。"可见，家族和宗族文化对国家的稳定和社会的发展都有着极其重要的作用。习近平总书记指出："无论时代如何变化，无论经济社会如何发展，对一个社会来说，家庭生活的依托都不可替代，家庭的社会功能都不可替代，家庭的文明作用都不可替代。"

　　怎样充分发挥家族和宗族文化在新时代经济建设大潮中的积极作用？首先就是要传承下来，用鲁迅先生的话说，叫作"拿来"。社会伦理学家马格利特认为，群体中的每一个人都有责任努力确保记忆被保存下来，以便后代能从前代或者更前代那里获得记忆，使我们的历史不至于断裂。为此，知识产权出版社编辑出版了"中国历史文化名城·名镇·名村丛书"，福建省民间文艺家协会策划并指导的《中国历史文化名村·福建桂峰》就是这套丛书中的一本。

　　根据知识产权出版社的整体编辑体例，在编写本书中，我们一方面到历史

↑ 岁月有痕

文化名村——桂峰实地采访，触摸每一幢古厝，每一条街巷，每一座书斋，以及每一块石碑，访问那些生在桂峰，长在桂峰，至今还坚守在桂峰的蔡氏老人，听取他们对桂峰的回忆、依恋和贡献，让我们踩响了桂峰八百年的历史；另一方面，我们在村部查阅了桂峰几乎所有的现成资料，族谱、诗集，以及当地作家写的散文随笔等。我们渐渐感受到了桂峰蔡氏世世代代的耕读传家精神，节俭重孝的家风。经过集体讨论具体方案，然后才分工写作。

《中国历史文化名村·福建桂峰》全书分六大部分。引言部分由林彬执笔；目录、后记、第一章、第三章的"理学文化与家教"、第六章的"诗词联赋"部分，由陈宗辉执笔；第二章、第三章的"桂峰理学源流""蔡氏古今理学名流"由张宗铝执笔，并负责插图的拍照；第四章和结语，由林晓雪执笔；第五章、第六章"民间文艺"前三节由周治彬执笔。全书由陈宗辉负责统稿。本书的编写出版得到了知识产权出版社的编辑和福建省民间文艺家协会领导的具体指导，得到了尤溪县洋中镇和桂峰村委会领导的大力支持，在此一并表示感谢。

我们对桂峰村发展的历史了解不多，对桂峰蔡氏文化的挖掘不深，加上时间仓促，书中不免存在错误，恳请各地蔡氏文化史专家、桂峰蔡氏宗亲和广大读者批评指正。

编者

2019年5月

↑ 桂峰故事

↑ 光阴荏苒

图书在版编目（CIP）数据

中国历史文化名村. 福建桂峰 / 潘鲁生，邱运华总主编；中国民间文艺家协会组织编写.
—北京：知识产权出版社，2020.5

（中国历史文化名城·名镇·名村丛书）

ISBN 978-7-5130-6794-2

Ⅰ.①中… Ⅱ.①潘… ②邱… ③中… Ⅲ.①乡村—概况—福建 Ⅳ.① K928.5

中国版本图书馆 CIP 数据核字（2020）第 035639 号

责任编辑：孙　昕　　　　　　　　　责任校对：潘凤越

书装设计：研美文化　　　　　　　　责任印制：刘译文

中国历史文化名城·名镇·名村丛书

中国历史文化名村·福建桂峰

中国民间文艺家协会　组织编写

总　主　编　潘鲁生　邱运华

本卷主编　曾章团　张文静

出版发行：知识产权出版社 有限责任公司		网　　　址：http：//www.ipph.cn	
社　　　址：北京市海淀区气象路 50 号院		邮　　　编：100081	
责编电话：010-82000860 转 8111		责编邮箱：sunxinmlxq@126.com	
发行电话：010-82000860 转 8101/8102		发行传真：010-82000893/82005070/82000270	
印　　　刷：天津市银博印刷集团有限公司		经　　　销：各大网上书店、新华书店及相关专业书店	
开　　　本：720mm×1000mm　1/16		印　　　张：13	
版　　　次：2020 年 5 月第 1 版		印　　　次：2020 年 5 月第 1 次印刷	
字　　　数：160 千字		定　　　价：80.00 元	

ISBN 978-7-5130-6794-2